申晨
——
著

玩转新营销的
实战方法论

民主与建设出版社
·北京·

© 民主与建设出版社，2023

图书在版编目（CIP）数据

出圈：玩转新营销的实战方法论 / 申晨著. -- 北京：民主与建设出版社，2023.6
ISBN 978-7-5139-4249-2

Ⅰ.①出… Ⅱ.①申… Ⅲ.①营销管理 Ⅳ.①F713.56

中国国家版本馆CIP数据核字（2023）第105367号

出圈：玩转新营销的实战方法论
CHUQUAN WANZHUAN XINYINGXIAO DE SHIZHAN FANGFALUN

著　　者	申　晨
责任编辑	刘　芳
封面设计	SUA DESIGN
出版发行	民主与建设出版社有限责任公司
电　　话	（010）59417747　59419778
社　　址	北京市海淀区西三环中路10号望海楼E座7层
邮　　编	100142
印　　刷	河北鹏润印刷有限公司
版　　次	2023年6月第1版
印　　次	2023年8月第1次印刷
开　　本	880mm×1230mm　1/32
印　　张	8.625
字　　数	136千字
书　　号	ISBN 978-7-5139-4249-2
定　　价	68.00元

注：如有印、装质量问题，请与出版社联系。

好内容的持续生产能力，
才是这个世界上最重要的能力。

目录

先导：
未来企业必须主抓的 5 种机会 /001

1

十大营销公式

树概念： 如何找到品牌差异 / 016
定用户： 如何精准定位用户 / 032
立场景： 如何打造独特场景 / 044
讲故事： 如何设计品牌故事 / 062
强体验： 如何让用户嗨起来 / 078
做曝光： 如何打造爆红内容 / 100
设 IP： 如何培养品牌信徒 / 114
引传播： 如何让内容自传播 / 130
建渠道： 如何找到本命渠道 / 144
重数据： 如何验证营销效果 / 160

品牌运营策略

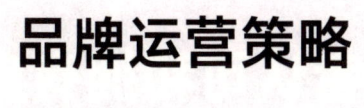

创业认知篇： 如何选择适合你的行业和品类？ /174
行业热点篇： 如何分析行业热点，及时布局？ /188
机遇赋能篇： 企业如何抓住新机遇？ /204
品牌运营篇： 公司如何运营自己的品牌 /218
项目打造篇： 文旅项目如何走出平庸？ /232
营销创新篇： 营销的创新要从哪些方向入手？ /252

让消费者认可和拥有自己的产品，
这比产品本身更重要。

先导

未来企业必须主抓的 5 种机会

在本书的开始,我想给各位读者分享一个发生在我身上的事情:

有一次坐飞机,乘务长过来跟我说:"申老师,我有个同事一直在关注您的抖音,想和您合个影,您看可以吗?"

我答:"没问题。"

合完影我回到座位,邻座的大哥一脸诧异,他问我:"你是演员吗?"

我回答:"不是。"

他又接着猜:"那你一定是主持人了?"

我摇摇头说:"也不是。"

他的好奇心被勾起来了:"那你是干吗的?人家空姐为什么要找你合影?"

我说:"我是个讲课的。"

他有些惊讶:"这个时代真是不一样了,老师都能有人找合影。"

这的确是个不一样的时代,在新媒体渠道众多的时代里,一个人只要能够生产出优质内容,那他就可以成为时代的焦点。

所以,在这样的一个时代里,做出一个品牌看似太过简单。我们可以借助于小红书、抖音、b站等新媒体渠道进行品牌的铺设,但是在实际操作中我们会发现,品牌的建设没有那么容易,主要的原因在于内容。

持续生产好内容,才是这个世界上最重要的能力。

对于企业来说,未来要做的事情有五件。

1. 消费升级

消费升级又称为"供给侧改革"。

很多人都感觉周围的人都很有钱，所以一提到消费升级，很多人都考虑扩大单件商品的利润。但是我们的市场环境其实并没有那么好，先给大家看一组数据：

2019 年，我国大约有 6 亿人的月收入是不足 1000 元的，还有将近 7 亿人的月收入是不足 5000 元的，月收入在 5000 元以上的人大概 1.5 亿，而月收入 1 万元以上的人大概只有 7000 万。

通过这组数据，我们可以得出结论：大众的消费水平并没有那么高。

那我们不禁要问：为什么总感觉自己身边的朋友都很有钱呢？

首先，大家都更愿意向上拓展自己的人脉资源。其次，我们身边大部分中产及以下的人在互联网上的变现要强于自身情况。

据宾利中国宣布，2020 年中国地区一共卖出了 2880 辆宾利新车，但是同年在抖音上宣布自己提了一辆新宾利的人数有 8 万多。通过这个数字对比，我们是可以看出问题的。

了解我国民众真实的消费水平,才能讨论消费升级的问题。我的观点是:消费升级不是卖更贵的产品给更少的人,而是让广大人民群众用更小的代价享受到之前享受不到的美好生活。

有一家做燕窝的公司,之前一杯燕窝的成本是80多元,而售价是130元。这个产品的销量一直不太好,不是品质不行,而是价格太高。说实话,对工薪阶层而言,每天来一杯130元的燕窝,压力还是很大的。

后来,品牌方调整了策略,降低了里面燕窝的含量,一杯燕窝的成本不足10元,哪怕卖三倍于成本的价钱,也在很多人的承受范围之内了。果然,价格调整之后的销量就变得非常好了。

有人会质疑这不是消费升级,因为品质降低了。但是换个思路来说,对于那些舍不得喝130元一杯燕窝的人而言,现在用一杯咖啡的价钱就能喝到一杯燕窝,这自然是消费升级了。

最近还有一个比较火的品牌,叫"巴比馒头",市值在100亿元左右。这家企业之所以火,是因为其创始人刘会平先生把握住了"出门吃早餐"的红利,为1亿人做早餐升级——生产几毛钱的烧卖、一块钱的包子。对于一般的白领而言,三五块钱足够吃饱了。

所以,真正的消费潜力还是在广大人民群众之中。为每一个个体让利,我们就可以吸引到更多顾客,这才是消费升级。

胖东来这个品牌大家应该都听说过,它已经成为世界新零售的一个符号。在许昌的时候,我与创始人于东来先生有过一次沟通,他和宝丰酒业合作开发了一款酒——怼一瓶酒。

这款酒卖得特别好,一斤装的售价是33元。其实这种酒的品质可以卖到100元,但是于东来先生说得非常简单,他们就想以平价给老百姓酿出一款实实在在的酒。

在很多人一直在思考如何将品牌卖出溢价的时候,那些成功的企业已经将思维转变到非常简单的事情上了——如何帮老百姓省点钱。

所以，消费升级应该如何升级？就是让更多的人有能力买得起自己的产品。

2. 深度融合互联网

深度融合需要跟电商、外卖、跑腿、在线办公、短视频、移动支付等做深度合作。

将自己的产品在互联网上进行深度融合并不是简单地在新媒体上做个广告。给大家举佐大狮和虎邦辣酱的例子。这是两家非常聪明的企业，因为它们找到了一个同样的机会，而且发展得都非常快。

国内的外卖平台商家通常会设置一个起送门槛，这个很好理解，因为骑手不可能跑一单只为配送一个两块钱的烧饼。而为了在吸引用户的同时提升客单价，大多数商家会设置一个满减的优惠活动，只有用户点餐的费用达到一定程度的时候才会获得优惠。平时经常使用美团和饿了么的人应该都了解，有时候点一份主食和一份菜的价格达不到起送标准，有时候是够不到满减标准。在这种情况下，大多数用户会选择加购一个饮品之类的商品，去凑够配送或者满减的标准。

而佐大狮和虎邦辣酱锚定的就是这部分外卖市场，根据外卖平台上展示的产品价格，一小盒佐大狮或虎邦辣酱的价格是3～6元，恰好可以满足用户凑单的需求。再加上辣酱类的产品确实能够解决很多外卖简餐口味单调、让人没有食欲的问题，所以很多外卖商家都在自家的菜单中加入佐大狮和虎邦辣酱的产品。

作为中国调味品协会的首席营销顾问，我还从未看到有人在中国调味品行业里做过这样的尝试，但是佐大狮和虎邦辣酱根据外卖平台20元起送的特点，与互联网进行了深度融合，使自己实现了快速成长。

所以，互联网不仅仅是一个卖货的平台，也不仅仅是一个传播的平台，它还有很多的事情可以深度去落地。

3. 个体赋能

这是一个以个人为中心的时代，关注个体才能走得更远。

三十年前的中国企业家们更多的是集中力量办大事，这也导致我们总是习惯让商业冲到前面。从十五年前阿里巴巴开始喊出"让天下没有难做的生意"这一口号开始，赋能的对象就转移到了中小微企业上。发展到今天我们可以发现，在这个时代，平台赋能的是个人。

这个时代是个人的时代，比如我不想上班，那我可以去跑滴滴；假如我不会开车，没办法开滴滴，但我也不想上班，那可以去拍抖音、去做直播，这是张一鸣的时代。

这个时代大多是以个人为中心的直播，我们一般想不起来哪个企业的直播做得好，但大多数人都知道某几个名气大的个人IP，短视频亦是如此。

以前我们的互信成本很高，树立一个品牌需要花费大量的时间、金钱、精力，这是太阳式辐射，现在是链条式裂变，借助于互联网，人与人之间的信任度有了很大的提升。所以在这样的一个时代里去进行个体赋能当然是势在必行的。

这两年很火的一个概念叫"私域流量"，简单来说就是以个人为中心，独属于个人的流量，比如知名博主的粉丝群体就是他的私域流量。私域流量的形成，本身就包含了相互信任的前提，所以相对于品牌漫无目的地广泛传播，围绕个人为中心，通过营销的方式去激活私域流量，效果往往会事半功倍。所以我坚信，未来的内容营销一定是以个人为中心开展的。

综上可知，对个体进行赋能就是我们必须做的事情。

4. 文化创新

文化创新、科技创新、模式创新，这是企业创新的三个方向。

科技创新成本很高，难度也很大，模式创新也不是一件容易的事情，所以对于企业来说，文化创新相对容易一些。

故宫生产了一款玉玺巧克力，一块售价35元。一般的巧克力，35元可以买到很多，为什么故宫的巧克力一块就可以卖到这么贵？就是因为它的文化赋能。

我最喜欢的一款故宫巧克力叫"和田玉"，实际就是哈密瓜牛奶味的巧克力，这是一种典型的文化赋能形式。

除了传统文化的赋能，当代文化也很有意思。最近有两款当代产品刷爆了朋友圈：一个是四六级必过薯片，另一个是五三联名款雪糕。

大学超市里的受众主要是大学生，当大学生走入超市想买一包薯片的时候，发现有一款薯片名字叫"四六级必过"，大部分人都会想买来尝尝。

而五三联名款雪糕也做得很好，几乎所有的九〇后、〇〇后都是在《5年高考3年模拟》的陪伴下度过青春的。

这就是典型的当代文化赋能案例。在文化赋能中，我们所需要的是一个文化符号，而非文化本身。因为文化本身太广博、深刻，用得不好反而会事与愿违，但如果只用一个文化符号为产品赋能，相对来说就要容易很多。

北京有一个大阪风格的烤肉店，一进去会感觉里面的风格非常日式，但是我一位长期生活在大阪的同学来了以后说这根本不是大阪风，大阪没有一个烤肉店是和北京这个烤肉店一样的。但是这并不重要，它只要成为北京人眼中的大阪风就可以，而不需要成为大阪人眼中的大阪风。

所以，我们需要的只是一个文化符号对产品进行赋能。

5. 年轻化

年轻化是品牌未来的必行之路，原因很简单：年轻人是消费的主力军。从 2020 年开始，九五后大概占到我们国家总人口的 18%，但是他们的消费总额占比却高达 36%。

江小白在 2019 年和 2020 年推出了一款非常有意思的酒——果立方酒，这个酒现在就卖得非常好，有苹果味、葡萄味、蜜桃味等。在当下年轻人的眼中，酒并不是一种饮品，而是一种社交工具，正如生日蛋糕只是生日当天营造氛围的道具一样。

这就是年轻人的需求，江小白抓住了这个需求，然后做出了各种口味的酒，销售额也很不错。

这个时代不仅需要那些好听的文案，更要根据客户内心的真实需求去做出改变，我觉得江小白这款酒就是一个非常好的案例。

年轻化是一件非常重要的事情，世界上所有的产品都会被年轻化更新一遍，这是这个时代最大的风口。当我们抓住风口的时候，还有一个非常重要的事情，**那就是要让消费者认可和拥有自己的产品，这比产品本身更重要。**

在博商，我的一位同学做了一个非常有意思的项目，名字叫作"D5季"。他们做女性SPA，但是他们提供的服装不同于传统SPA，而是用起了和服。女性朋友可以在店里穿着好看的和服拍照。

这种做法，一来留住了客人，毕竟有很多客人一听还需要等待的时候往往就会考虑换一家，但是在这里，客人往往会去换上好看的衣服然后去拍拍照片；二来这些客人拍了照片后还会去发在自己的社交平台进行宣传，立马就能引来关注度。

这就是对准了年轻化客户的需求、找到年轻人的爽点，然后成功做起来的例子，与之相似的还有北京的宫宴。

去北京宫宴吃饭的所有消费者都要换上汉服，里面所有的服务员也是穿着汉服，客人用餐时会有一种穿越到古代的感觉。而且里面还有各种各样的才艺表演，那么在里面吃饭的年轻人一定都会想拍照记录，去自己的朋友圈、抖音、小红书等网络媒体上"秀"一下。

这就是年轻人的需求，而这些年轻人往往还是消费的主力军，那么我们的产品就势必要迎合他们，所以年轻化是必经之路。

方法论的好处是什么?
就是能够把复杂的事情简单化。

1 十大营销公式

树概念：
如何找到品牌差异

很多咨询行业的朋友跟我提到过，他们去自己服务的企业开会的时候，常常会发现黑板上画着整个的熊猫罗盘，老板或者是市场部的主管正在带着大家一块儿去拆解。作为培训咨询行业的从业人员，这类事情总是会让我兴奋、开心，毕竟不是所有人都能够创造一个行业通行的方法论。

方法论的好处是什么？就是能够把复杂的事情简单化。在这里，我们不妨按照熊猫罗盘的逻辑，帮助企业梳理一下如何进行内容生产，以及该如何占领新营销这块阵地。

熊猫罗盘的方法论分为以下十个步骤。

第一步，树概念，想清楚你是谁，别人为什么要选择你。

第二步，定用户，确定自己的产品和服务要销售给谁。

第三步，立场景，明确消费者何时会想要购买你的产品。

第四步，讲故事，用讲故事的方式去讲述企业的商业逻辑。

第五步，强体验，让消费者可以快速体验到你的产品。

第六步，做曝光，提升营销内容，让品牌和产品能够更快、更广泛地曝光在消费者面前。

第七步，设IP，通过构建品牌与某种事物间的必然联系，让消费者产生深刻的联想。比如有人从商场走出，手里拿着一个橙色纸袋的时候，大多数人第一时间就会想到爱马仕；当有人拿出一个蓝色的小盒子说"生日快乐"的时候，很多人会快速联想到蒂芙尼蓝。

第八步，引传播，确定通过什么样的传播方式，传播给哪些消费者。

第九步，建渠道，中国有几千个线上、线下购买的渠道，企业要从中找到最适合自己的。

第十步，重数据，搞清楚数据从哪里来，又应该如何通过数据更好地完成各项措施的落地。

接下来，我们从第一步树概念开始讲起。所谓"树概念"，简单来说就是明确企业的核心竞争力到底是什么，别人为什

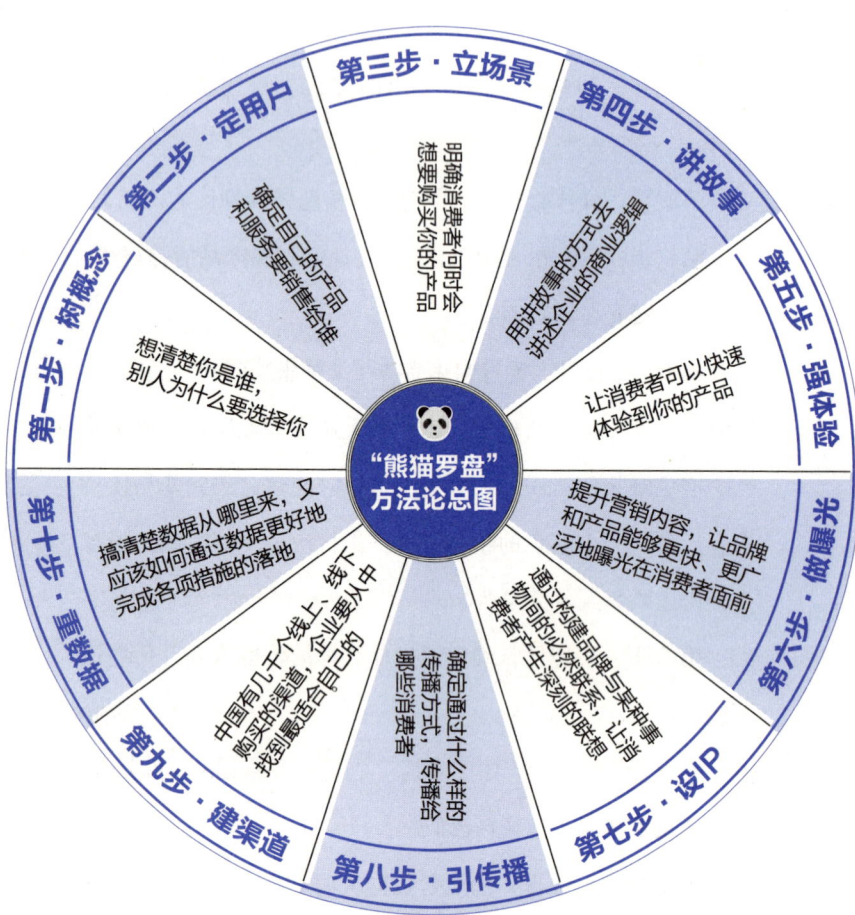

么要选择你而不是其他同类型企业。很多企业的老板一听到关于核心竞争力的问题，总是会回答说企业有原料优势、供应链优势、产品研发优势、团队优势等。

如果是面对为企业提供业务环境设计、规划融资方案的咨询团队，这些答案确实能够帮助企业找到解决方案。但是，比起这些，从品牌营销的角度来说，在消费者为什么选择你而不是其他同类型企业这个问题上，我更想要一个简单粗暴、不那么复杂的理由。

说得具体一些，就是用一句话去精准地表达三个方面：第一是企业的核心竞争力；第二是在企业所属行业里，有什么自己能够做到而其他同类型的企业做不到的优势，也就是差异竞争点；第三是企业能够解决消费者的哪些痛点。

当然，我们不仅要提出概念，表明品牌的核心竞争力，还要将这种核心竞争力表达到极致，明确自身在竞争中差异化的关键点。

在这个时代，最难把控的就是消费者的注意力，所以我们需要的是简单、直白的表达，而非连篇累牍的赘述。那么，企业应该如何用一句话简单直白地表达企业的核心竞争力、差异化竞争点以及目标客群痛点呢？

这里涉及三个方面：第一，找到合适的提炼独特卖点的方式；第二，找到符合品牌定位的表达维度；第三，利用有效的表达套路。

1. 用合适的方法，提炼品牌的独特卖点

独特卖点该用什么样的方式去提炼？这是一个相对比较复杂的问题，最常用的方法有两种：第一种叫作空位理论，第二种则是功能性定位。

（1）空位理论

空位是什么？就是我有一个跟别人不一样的点，或者我们也可以借助二分法的概念来理解。在现实生活中，存在很多介于黑白之间的灰色地带，但在二元世界中，一切都是非黑即白的。通过这种简单的二元对立逻辑，企业能够从中发现自己的独特卖点。

比如，京东最初的成功是因为它把当时的电商行业分成了销售真品和销售假冒伪劣产品的两个阵营。而京东作为真

品阵营的代言人，自然而然得到了很多追求产品质量的消费者的青睐。

再如瓜子二手车把二手车交易平台分成了有中间商赚差价的和没有中间商赚差价的两个梯队，而自己占据了后者的优势定位，得到了市场的认可。

而哈根达斯则把冰淇淋这个品类分成了高价格和低价格两个部分，自己占据了高价格的市场，成就了"贵族"冰淇淋品牌的大众认知。

三品王原汤牛肉粉则提出了"每次都把汤喝光"的概念，把牛肉粉这个品类分成了汤好喝和汤不好喝的两个细分品类，精准切入了自己的目标客群。

在二元世界当中，很多复杂的事情都会变得简单，企业可以很轻松地找到一个空位的方向，这就是典型的空位理论。

（2）功能性定位

一般情况下，每个产品都有自己的功能和性能，从这个角度入手，企业也能找到自身的独特竞争力。

比如瑞莎口腔主打的就是无痛诊疗，这种独特的性能成功将瑞莎和其他的牙科诊所区分了开来。同样的道理，红牛作为提神醒脑的功能饮料，把"困了累了喝红牛"这个独特竞争点成功植入了消费者的心中。

当然，不是所有企业提供的产品和服务都有独特的功能和性能。在这种情况下，我们可以通过改变表达维度，去强化自身的独特竞争力。

2. 从个性化维度，强化企业独特竞争力

在中国的市场上，企业常见的营销维度有四种：第一种是社会化维度，比如大多数人都认可茅台是我国高端白酒品牌之一；第二种是情感化维度，比如"爱她就请她吃哈根达斯""送礼就送脑白金"等；第三种是群体化维度，比如年轻人在买鞋的时候，会倾向选择得物平台；第四种是个性化维度，比如江小白就是年轻文艺青年的专属酒。

企业营销想要进入群体化维度、情感化维度甚至社会化维度，都需要一定的市场基础和消费者认知度，这对于大多

数的创业公司或中小型企业来说，并不是一件容易的事情。所以，**在表达企业自身的独特竞争力时，最常见的维度就是找到一个核心对标的社会化维度的企业，然后把它下降到个性化维度。**这样理论的表达可能太过复杂，不妨简单一点，用案例来进行说明。

小米公司最开始推出自己的产品时，很多人会觉得小米是社会底层的象征，但在我看来却并非如此。诚然，当时小米的产品价格相对低廉，很多人是因为买不起苹果，所以才选择了小米。但这并没有改变小米非常负责任的企业定位，它所做的事情就是要"宠爱"品牌的粉丝，消费者不是因为买不起苹果才买小米，而是"为发烧而生"所以才选择了小米。用品牌自身独特的极致性价比、高规格硬件去挑战大众认知当中的行业标杆，小米的这个选择就是典型的社会化维度下降到个性化维度的表达范式。

作为一家创业公司或中小型企业，直面与社会化维度企业的竞争必然会以失败告终，所以这决定了企业要进入个性化维度，用自身独特的方式去满足消费者在某个方面的特定需求。

我在博商的一位同学经营的是螃蟹养殖产业,但他所在的螃蟹产地并不是社会认可度较高的阳澄湖,而是质量同样出色但声名不显的固城湖。

在早期的经营过程中,他希望通过固城湖大闸蟹和阳澄湖大闸蟹的品质对比,去引起消费者对自身产品的兴趣。但最终结果并未如预想当中顺利,消费者反而会觉得他是在蹭阳澄湖的热度,并质疑产品的品质。

之后,我们两个人就这个问题进行了深入探讨,得到了一个共识——在送礼更有面子这件事情上,没有任何一个地理位置能够超过阳澄湖,成为优质大闸蟹的象征。换句话说,想要在地理位置层面做文章是行不通的。这个时候,我提出了一个想法,既然阳澄湖的地位牢不可破,我们不妨改变思维,走个性化维度路线,比如私人定制。简单来说,就是消费者可以付款预订一定面积的蟹塘,养殖场则负责为客户进行大闸蟹养殖。客户还可以定制自己的礼盒,印上自己想要的图案,然后将螃蟹打包送给自己的朋友和亲人。这样私人定制的螃蟹礼盒,比起阳澄湖的大闸蟹礼盒显然更有诚意和新意。

即便是已经达到社会化维度的品牌，也会有鞭长莫及的时候。而我们就要抓住这些市场上广泛存在的个性化需求，去塑造、提升企业的独特竞争力，从而占据市场的一席之地。

3. 借助成熟套路，加强用户感知

在树立品牌核心竞争力的过程中，我们不仅要找到并表达自己的独特竞争力，更要确保企业所表达的内容能够被用户感知到。这个时候就需要一些"套路"，就像之前我和江南春老师交流的时候谈到的：**在分众传媒的这些屏幕上面，你看到的绝大部分的标语或者核心卖点都是有套路的。**

那么，企业在表达自身独特竞争力的时候，通常都会运用哪些套路呢？

第一个"套路"：从众心态。比如"3亿人都在用"的拼多多，"杯子连起来可以绕地球一圈"的香飘飘奶茶，这些表达都是利用消费者的从众心态，取得了用户的信任。

第二个"套路"：精英背书。比如现在各行各业的一批 KOL（Key Opinion Leader，关键意见领袖）和 KOC（Key Opinion Consumer，关键意见消费者）都在使用钉钉，无形中增加了钉钉的市场竞争力。

第三个"套路"：行业老大。在很多消费者的认知当中，产品销量是最能够证明产品品质的数据。之前，雅迪电动车就是利用"销量全国遥遥领先"的广告，进一步夯实了自己的行业地位。

第四个"套路"：专业专家。比如舒适达："全国牙防组推荐"；王老吉："传世 185 年"；还有椰树牌椰汁："专注椰汁 33 年"。很多时候，极致的专业本身就是一种独特的竞争力。

九阳虽然不是第一个研发豆浆机的企业，但确实是最早将品牌和品类绑定在一起的公司。作为品类的开拓者，九阳在销量上拼不过美的，在收入上也拼不过格力，但在豆浆机这个品类中，九阳始终可以凭借自己极致的专业性，得到很多消费者的认可。

第五个"套路"：科技创新。这里所说的创新，并不一定是科技领先，而是相比其他同类型企业不同的技术特点。

比如厨邦酱油在广告中说"晒足 180 天",看似没有什么技术含量,但却和很多同类型产品拉开了差距。这也是一种独特的竞争力。

第六个"套路":利用人性的弱点。比如"怕上火,喝王老吉",就是利用了人对亚健康状态的恐惧。那么现在年轻消费者的人性有哪些弱点呢?

首先,第一点是任性。年轻人都有自己的个性,不愿意委曲求全。

其次,年轻人为了追求效率,往往更喜爱送货上门的购物方式。你需要什么,美团、京东到家以及各类送货上门的社区团购品牌就可以直接送到家,这其实都是为了满足年轻消费者对于效率的追求。

最后,年轻消费者普遍对于独特、稀缺的产品有好感,所以百达翡丽的一句"谁都没有真正拥有过百达翡丽,你只是在为下一代所保管"足以打动大多数的年轻消费者,因为这句话中所包含的格调与个性足够耀眼。

消费本身就是一种契合人性的行为,根据人性的弱点去想一句好的商业语言,概括你的商业、你的产品,往往能够让别人快速地记住你。

我遇到很多企业的老板，他们总是会跟我说，你看这个酒品质不比茅台差，你看这个矿泉水的矿物质的含量比娃哈哈还要高，你看这个玩具的品质比泡泡玛特还要强……在曾经的商业时代，优秀的品质确实可以成为支撑一个企业出圈的硬性实力；但在今天，我特别遗憾地告诉大家，在商品的竞争当中，产品本身的品质并不是最重要的方向。换句话说，品质好仅仅达到了一个入门水平，只有跨过这个门槛，你才有资格去提升自己的品牌，和其他同类型的企业进行竞争。

同样的道理，茅台跟其他酒厂比的也不是酒的品质，而是社会化认知；娃哈哈跟其他矿泉水品牌比的也不是水的品质，而是下沉渠道的数量；泡泡玛特跟其他玩具公司比的也不是玩具的品质，而是产品 IP 的心智占领。

在如今这个时代，仅有品质好这一个优点是不够的，我们需要用一句广告语来让别人记住我们。这个时代很直白，所以我们都需要更直白的内容，**越是简单直白，越容易被人记住**。

越是简单直白，
　越容易被人记住。

在这个时代,
最难把控的就是消费者的注意力,
所以我们需要的是简单、
直白的表达,
而非连篇累牍的赘述。

树概念 如何找到品牌差异

第一：用合适的方法，提炼品牌的独特卖点
- 空位理论：可借助二分法来找到与别人不一样的点
- 功能性定位：从产品的功能和性能角度入手寻找自身的独特竞争力

第二：从个性化维度，强化企业独特竞争力
- **中国企业常见的四种营销维度**
  - 社会化维度、情感化维度、群体化维度、个性化维度
- **在表达企业自身的独特竞争力时，最常见的维度**
  - 找到一个核心对标的社会化维度企业，再把它下降到个性化维度

第三：借助成熟套路，加强用户感知
从众心态、精英背书、行业老大、专业专家、科技创新、利用人性的弱点

提醒：越是简单直白，越容易被人记住
越是简单直白，越容易被人记住

定用户：
如何精准定位用户

在提到产品或服务时，一定离不开用户，比如目标用户、用户需求、用户痛点等，一切都以用户价值为依托。

什么是用户呢？简单来说，用户就是购买和使用我们的技术、产品和服务的人。从某种程度上来说，我们需要善待用户，甚至是"宠着"用户。

提起"胖东来"这个名字，相信全国各地的商超百货老板都知道。马云曾经说它"引发了中国零售商的新思考，是中国企业的一面旗帜"。雷军也曾专门去考察过，说它是中国零售业当中神一般的存在。1995年，仅以1万元起家的胖东来，绝对是一家颠覆认知的企业。我曾经跟胖东来创始人于东来先生有过沟通，我问他如何做到能让胖东来有这么好的口碑，于总告诉我说："很简单，你要学会'宠粉'。"

　　于总给我举了个例子。顾客在超市买了一条鱼，回家后觉得不新鲜，这时可能会找到商家，要求退货。大部分商家的做法可能要先确认一下顾客说的是否属实，然后再考虑解决方法。但是，这个过程对于商家和顾客来说，都需要付出很大的时间成本，严格来说并不划算。

　　而胖东来的做法是无条件地相信顾客，员工会直接拿一条新鲜的鱼和一份小礼物送给顾客，并真诚地向顾客道歉。这虽然为超市增加了一定的成本，但却为胖东来带来了巨大的壁垒，也为顾客带来了强烈的信任体验，让顾客从此更加坚信：在胖东来消费是没有后顾之忧的。

　　对于企业来说，当用户从对企业的产品和服务的信任上升到对品牌的信任后，这种信任就会不断强化，并且用户还会把自己的感受通过口碑传播给其他用户，扩大产品和服务的知名度，提升企业形象，从而不断为企业的长远发展注入新的动力。

　　满足用户的需求，就能获得用户更高的忠诚度。但是，对于任何一个企业来说，并不是所有人都能成为自己的用户，企业必须精准地找到自己的目标用户，让自己的产品和服务拥有最适合的用户群体。这类用户群体一方面本身就有相关需求，更容易产生消费行为；另一方面还可以减少再教育成本，而且后期的维护也更省心。

那么，这些精准用户在哪里？我们要如何去寻找和定位呢？

1. 多维身份精准确定用户

企业以往是无法精准定位用户的，基本是采用广撒网的低效营销模式。但是，现在有了各种大数据技术和精准投放的工具，企业完全可以以更加精确的方式去洞察消费者需求，从而有效定位自己的用户，并且为这些用户提供个性化、有针对性的产品和服务，有效引导用户行为，提升用户对产品和服务的黏性，实现千人千面的营销方式。

要做到这一点，企业首先要从多个维度对用户进行细分。比如，对于妈妈这个群体，商家肯定不陌生，那么这个群体可以分为多少类呢？我认为根据妈妈的群体画像至少可以将其细分出十几类，如孕前妈妈、准妈妈和新手妈妈，上班的妈妈和全职在家的妈妈，单身的妈妈和一家三口在一起的妈妈，创业的妈妈和公务员妈妈，平时自己接送孩子上学的妈妈和请他人接送孩子上学的妈妈，科学理性的妈妈和务实有经验的妈妈……当你将用户群体根据身份特征、行为特征、消费特征、心理特征、兴趣爱好、渠道属性等进行细致划分后，就会发现，每一个方向、每一个类别当中的用户，其需求都是不一样的。这就要求企业为用户提供的产品和服务也不能完全相同，而是要根据不同的用户群体，将自己的产品和服务内容尽可能地丰富化，以精准的内容来服务不同需求的用户。这也是企业由全量运营走向精细化运营的第一步。

这一点不难理解，因为即使面对同一件产品或同一款服务，不同用户的理解和需求也是不同的，下面举个有趣的例子。

很多人应该都知道粟裕将军，他一生战功赫赫。粟裕将军的妻子楚青生于扬州，长于上海，是一位很有见识的女性，平时对生活质量要求也比较高，据说闲暇时喜欢逛街，到咖啡馆喝咖啡。但是，粟裕将军作为军人，在这方面就没那么讲究。

有一次，两人去逛街，看到街前方有个咖啡馆，粟裕将军就对妻子说："这个咖啡馆不错啊！"楚青眼前一亮，心想平时粟裕对咖啡都不感兴趣，怎么现在还关注起咖啡馆了？于是就问粟裕："那你觉得这个咖啡馆哪里不错？是咖啡馆的位置不错，还是设计不错呢？"

结果，粟裕将军说："我觉得在咖啡馆房顶架上几挺机枪，就可以封锁整个街道了！"

通过这个案例可以发现，不同人对同一件事的理解可能也是完全不同的。所以，在定位用户时，企业更需要从用户的社会角色、需求场景等多维身份进行精准细分，再针对精准用户去生产精准的产品或提供精准的服务，并且配合精准渠道，实现精准到达，最终完成精准转化。

2. 围绕用户进行精细化运营

所谓精细化运营，就是将渠道、用户行为等维度的数据分析与企业所处的发展阶段相结合，对用户展开个性化的、更有针对性的运营活动，以达到企业运营目标的行为。

精细化运营的灵魂在于对用户的理解，也就是在理性分析的基础上，再以感性的方式去理解用户。企业越是精准地划分用户人群，说明对用户理解越深入，运营目标也会越清晰。如果说早期的企业运营策略是一对多的模式的话，那么精细化运营就是多对多的对应关系，显然运营效率也会更高。

那么，企业该如何进行精细化运营呢？

首先，精细化运营要以用户为中心，所以要有较为清晰的用户画像和用户分层，这也是企业进行产品精准定位和推送的基础。 通常来说，用户画像需要从多个维度对用户大数据进行分析，将用户分成各个种类并加以具体描述，标出用户的各种属性特征，进而抽象出用户的商业全貌。这是现代企业应当具备的一种非常重要的能力。

其次，根据用户人群去设定自己的产品内容。 很多企业习惯于用一维视角去思考问题，比如，将自己的用户定位为"妈妈""年轻人"等。实际上，"妈妈"这个群体也有很多不同的喜好、不同的需求；"年轻人"更是如此，比如男生更容易被非常完整的逻辑所吸引，而女生则更容易被好看的图片所吸引。

再次，要有精确的投放策略，也就是根据产品和服务的

具体人群进行精准投放。如果企业不能有效而精准地确定产品投放策略，不但会浪费很多宝贵的资源，还会随着时间推移而在行业中陷入生存困境。只有做到精准投放，才能抓住最有效的用户群体。比如，同样是与青春有关的产品，如果针对女性用户的话，可以投放到小红书；如果针对男性用户，投放到得物效果更好；如果是非常二次元的产品，投放到B站效果更明显；如果你的产品还有一些故事性或逻辑性，那就投放到抖音。总之，投放策略的原则很简单：用户在哪儿，产品就投放在哪儿。

最后，还要做好内容架构。也就是说，你的产品逻辑是什么样的——今天你要推出产品的哪部分，明天又将推出哪部分；或者说哪款产品先上架，哪款产品后上架。只有逻辑内容清晰明确，才更容易吸引到对应的用户群体。

很多年轻人都听说过小熊电器，它刚开始是做酸奶机的，后来不断拓展产品品类。到今天，小熊电器已经紧跟美的、苏泊尔、九阳三大家族，发展成为小家电新势力中较强的一家。

我有一次与小熊电器创始人李一峰先生聊天，就问他是如何让小熊电器在家电市场赢得如今的地位的。他说很简单，他们更愿意去聚焦，把用户群体聚焦到一小部分人身上，然后去满足这一小部分人群的一些非常基础和有趣的需求。

首先，他们把用户聚焦在会做饭或想做饭的人身上。在男生和女生之间，一般女生做饭更多，于是就将焦点放在女生身上。其次，在年轻和年长的女性当中，选择更年轻的女性作为目标用户。而在这部分人群中，再找到需要做饭和不需要做饭的人，继而将焦点放在需要做饭的女性当中。

这样一来，目标用户就比较明确了，也就是年轻女性当中那些需要做饭的一类人。而这部分人群还有一个非常重要的需求，就是不仅要让自己做的饭好吃，还要好看。因为这个群体的人有很多线上社交需求，比如喜欢发朋友圈、喜欢在网上跟大家分享生活等。

基于这个思路，小熊电器最终的产品落地需求就是：外观设计要好看，激发用户的购买欲望；做出来的食物也要好看，方便用户进行二次传播。为此，小熊电器在产品外观设计上非常下本，其设计资源都是专门从国外寻找回来的。很多年轻人购买小熊电器的产品也往往都是冲着外观来的，比如一台煮蛋机，如果外形精美，让用户看一眼就被吸引住了，那么它在同类产品中就有了竞争力。

真正的好内容，往往不是专业生产的内容，而是用户"生产"的内容。 真正的品牌在对用户精准定位及细分后，往往也会带来真实的用户需求。所以，小熊电器就是一个非常典型的用户需求的品牌。

大家听说过骨传导吧？在中国的耳机市场，骨传导已经不算是个高新技术了，它就是将声音转化为不同频率的机械振动，通过人的颅骨、骨迷路、内耳淋巴液、螺旋器、听觉中枢等来传递声波。利用这种骨传导技术制造的耳机，就是现在很多人都使用的骨传导耳机。

但是，现在出现了一款更加黑科技、更加好玩的产品——可以含在嘴里的"音乐棒棒糖"。它的创新点在于：在传统的棒棒糖中植入骨传导芯片，当棒棒糖被放在嘴巴里时，口腔中牙齿咬合糖果的声音便可通过骨骼进入耳膜。你只要打开开关，轻咬棒棒糖，再戴上耳塞，就能感受到近乎无损音质的听觉体验。

这种产品的出现，就是根据用户具体需求而设计出来的。

比如，现在很多家长不愿意给小孩子戴耳机听歌、听故事等，担心耳机会影响孩子的耳膜发育。但外出时，孩子想要听歌、听故事，你不让他戴耳机，设备中的内容外放出来效果又不好，怎么办呢？那就给他一根棒棒糖，而棒棒糖中恰好有孩子喜欢的歌曲、音乐等。所以，这款产品就满足了年轻父母的育儿需求。

另外还有一种需求。很多少男少女都有自己喜欢的歌手、明星等，并且希望用各种方式为自己喜欢的偶像应援。试想，若把偶像的歌放入棒棒糖中，他们可以一边吃着甜蜜的糖果，一边听着美妙的音乐，这是一件多么享受的事情啊！所以，这款产品的另一个用户定位就是那些追求时尚的少男少女。

总之，精准地定位用户、了解用户需求，再根据用户的真实需求去不断设计和更新产品功能，才能赢得用户的信赖，进而带动品牌的传播。

满足用户的需求,
就能获得用户更高的忠诚度。

定用户 如何精准定位用户

第一：多维身份精准确定用户

- 从用户的社会角色、需求场景等多维身份进行精准的细分
- 针对精准用户去生产精准的产品或提供精准的服务
- 配合精准的渠道，实现精准的到达，最终完成精准的转化

第二：围绕用户进行精细化运营

- **精细化运营的含义**
  - 将渠道、用户行为等维度的数据分析与企业所处的发展阶段相结合，对用户展开个性化的、更有针对性的运营活动，以达到企业运营目标的行为

- **精细化运营的方法**
  - 以用户为中心，要有较为清晰的用户画像和用户分层
  - 根据用户人群去设定自己的产品内容
  - 要有精确的投放策略，对目标人群进行精准投放
  - 做好内容架构，明确产品逻辑

总结

精准地定位用户、了解用户需求，再根据用户的真实需求去不断设计和更新产品功能，才能赢得用户的信赖，进而带动品牌的传播

立场景：
如何打造独特场景

无场景，不营销。现在的年轻消费者已经很难被常规的广告或宣传打动，只有打造独特的场景，将营销内容融入场景当中，才更容易引发消费者的共鸣。

那么，什么样的场景才能让别人记住你？或者说你的产品和服务在什么样的场景里面，能够让消费者产生"我要买"或者"我要用"的想法？这里有一个非常重要的标准，那就是"唯一不违和"，意思是说在某个场景当中，只有你的出现才是最合适的。

比如，在高端宴请的饭局上，喝酒基本都会选择茅台，也就是说，茅台就是高端宴请场景中不违和的产品。如果有一天，在一家高档餐厅中最昂贵的包厢里，十几个各行各业的精英欢聚一堂。这个时候，宴会的组织者拿出了一瓶市场上常见的平价酒，大多数人都会感觉不合时宜，第一时间就会思考：为什么不是茅台？

再比如，之前在网络上非常热门的话题"星巴克气氛组"，原本是很多周末加班工作的人因为家里的环境不适合办公，所以选择带着电脑到星巴克工作，因为点上一杯咖啡，就可以在店里坐上一整天。这本身是一个正常的现象，但却被很多网友戏称为"气氛组"，是星巴克用来招揽客人的一种手段。之后，星巴克还借助这个话题设计了营销活动，邀请有办公需求的消费者带着电脑到门店办公。

我们可以简单思考一下，为什么人们会把在咖啡店办公的消费者当作"气氛组"呢？原因其实很简单，这些在星巴克办公的消费者基本都是白领，穿着打扮或潮流时尚，或专业干练，更重要的是，基本每个人手里都会拿着一台苹果笔记本电脑。基于品牌长久以来维持的高端调性，如果星巴克真的会设置"气氛组"的话，他们就应该是这样的。

退一步讲，如果你在星巴克看到一个穿着睡衣的消费者，你会觉得他是星巴克的"气氛组"吗？显然不会，因为这些人的存在和星巴克的场景格格不入。

产品或服务的独特性与场景融合在一起,才能凸显企业的价值和竞争力,最大限度地刺激消费者的购买意愿。但在现实当中,大多数企业都不太了解,应该如何去打造属于自己的独特的场景。在这里,我提供一些思路,供大家参考。

1. 独特场景 = 适用场景 + 适用人群 + 特殊需求 + 别人不行 + 就我行

企业的产品和服务通常可以在很多个场景中为消费者创造价值,而在所有的适用场景中,针对某些特定人群的特定需求,只有你能够满足,而其他同类型企业做不到的场景,就是你的独特场景。

在大学校园里,一个男孩和一个女孩从大二一直相恋到大四,已经进入了谈婚论嫁的阶段。但这个时候,男孩因为决定进一步深造,需要去国外留学,女孩不同意,两个人就在女孩的宿舍楼下陷入了争吵。最后,熄灯的铃声响起,女孩不得不带着泪花转身上楼。而男孩从口袋里掏出一瓶白酒一饮而尽，在朋友圈发了一段文字："相濡以沫，不如相忘于江湖，这辈子我们都是最好的朋友。"在这个场景中，能够满足这个男孩抒发情感的需求的酒都有哪些？茅台、五粮液等价格相对较高的酒显然不匹配需求，二锅头、老白干等平价产品又不符合意境。综合考虑下来，也只有江小白能够胜任这个角色。

类似的场景，江小白打造了不下几十个，每个产品包装上的文案都可以构造一种独特的场景。比如，"独饮是和自己对话，约酒是和兄弟交心"，年轻人三三两两聚在一起，谈天说地的时候，需要小酌一杯助兴，江小白就是最好的选择；再比如，"最想说的话，在眼睛里，草稿箱里，梦里和酒里"，再次见到曾经暗恋的女孩，过去种种涌上心头，很多曾经想说但又放弃的话在梦里一遍遍地回响，最后只能将这所有的忧愁付与一杯酒中，而这杯酒也只能是江小白。

江小白所打造的场景，基本都是针对年轻消费群体在情感方面的某些需求。相对于那些高端或低端的白酒，只有具有文艺青年属性的江小白能够适配这些场景。

同样的道理，开长途车的时候，司机困了、累了，可乐无法满足需求，只有红牛或其他功能饮料可以提神醒脑；吃火锅的时候，年轻的人群怕上火，红牛不能满足需求，只有王老吉可以。这些都是企业经过长年的努力打造出来的典型场景，在这些场景里面，就只有企业自身提供的产品或服务是最合适的。而这些场景对于企业来说，就是所谓的独特场景。

其实现在很多企业能够找到自己产品和服务适配的各种场景，只是不明白应该怎么样把自己塑造成整个场景中唯一不违和的品牌。按照"独特场景＝适用场景＋适用人群＋特殊需求＋别人不行＋就我行"的公式，其实非常简单。我们首先要从自身产品和服务适用的所有场景中找到和自身目标客群相关，而且相对特殊的需求。其次，分析在这些需求当中，有哪些是我们能够满足，而其他同类型企业做不到的。最后，将产品或服务的相关内容，融入这个特定的场景中，就足以打动消费者。

这是很多企业的市场部，在未来需要重点关注的工作目标：把原本布局在各种适用场景中的资源和精力，重新收拢到关键的特定场景中，并把企业打造成独特场景中"唯一不违和"的品牌。

2. 回归体验，重塑场景

场景为什么能够激发消费者的购买意愿？从本质上来说，**场景的打造其实是一种体验的强化，能够让原本流于表面的营销说辞或设计，在某种程度上成为消费者的真实体验**，从而说服消费者去相信你的品牌，信任你的产品和服务。从这个角度出发，打造独特场景，其实也可以从体验出发，通过环境的重塑，去提升消费者所追求的某些情绪价值。

之前我们在北京投资了一家品牌，名字叫作"望京小腰"。现在北京及周边地区已经新增了很多家分店，成为一个相对成熟、发展稳定的品牌。

望京小腰原本是兴起于北京望京地区的一种街头烧烤类小吃，因为受到众多媒体与明星的追捧，在各大社交媒体平台上拥有巨大的曝光量，所以逐渐被大众所熟知。也正是因为如此，当初在望京地区有很多的烧烤店都冠以"望京小腰"的品牌名，虽然我们投资的品牌已经拥有了很多分店，但更多的望京小腰背后也有各自的母品牌。当然，品类的蓬勃发展，充分证明了市场和消费者的认可度极高。

那么，为什么望京小腰能够在北京以及周边地区得到如此多的拥趸呢？因为我认识的很多北京的朋友特别讲究一件事：如果是关系特别好的朋友约酒、约饭的时候，肯定是选择各种路边摊，而不是各种豪华的酒店、餐厅。在我们的认知当中，在真正的朋友面前，所有为了"充门面"而做出的选择都是没有任何意义的。所以我经常和朋友说，你来北京如果我请你吃全聚德，那我真的没把你当朋友；但是如果我请你去路边的"脏摊"，那你一定是我最好的朋友。

而我们投资的望京小腰其实就是把这种路边摊的场景移植到了室内。在菜品的选择上，我们提供的是街边常见的烧烤小吃；在环境的设计上，我们把原本在路边的矮凳子、矮桌子搬进了室内，让朋友们可以凑在一起聊天、交流。除了在室内以外，望京小腰还完美地重塑了过去在街边的感觉。也正是因为这种场景的再现，望京小腰才能吸引大量的当地消费者，在北京及周边地区迅速扩张、快速成长。

站在体验的维度，场景本身就是消费者需求中的一部分。而我们要做的，就是分析他们心目中针对某种商品预设的理想场景是什么，然后通过营销内容的呈现，去还原这种场景。

在这个过程中要注意，针对同类型的产品或服务，不同类型的消费者往往也会有不同的追求，所以我们需要综合分析，兼顾所有目标客户群体。

以我乐橱柜为例，过去在营销宣传中，企业主要是强调品牌的调性和科技含量，比如E0级环保补贴等。所谓"E0级"，指的是家具板材的环保标准，是甲醛含量最低、环保级别最高的板材。但在现实当中，很多人并不了解这些相对专业的知识，所以我乐橱柜早期的一些营销内容并没有引起消费者的购买欲。

之后，我乐橱柜找到我们寻求帮助。我当时提出的建议就是：不用过多渲染科技的部分，而是应该去搭建场景，引起消费者的共鸣。毕竟，科技含量再高，至多也只能让人"不明觉厉"；真正让人下定决心购买的，还是场景所带来的感动。

在我们的帮助下，我乐橱柜系统分析了不同类型客户对厨房这个场景的需求，发现对于年轻的夫妻来说，厨房等于跟爱人一起烹饪的甜蜜时光；对于为人父母的用户来说，厨房是和宝宝一起做曲奇的温馨感觉；而对于中年人来说，厨房是家人、朋友共享家宴的欢聚之所。基于分析的结果，我乐橱柜在后续的营销内容中，着重打造了这些独特的场景，营销的效果也得到了有效的提升。

消费本身就是一个千人千面的事情，即便是同类型的消费者，也会在细分的领域有各自独特的场景需求。我们需要有针对性地去迎合消费者的个性需求，塑造他们心目中的理想状态，这才是真正场景的打造。

3. 独特场景的打造，未来风口在线下

既然谈到体验，那就不得不涉及线上和线下的问题。当消费者越来越关注体验，我们有理由相信，场景打造的未来风口，会逐渐从线上回归到线下。

作为一名八〇后，我小时候基本都是在线下购物，想要买某件商品的时候，常常需要专门腾出时间，然后乘车到专门的商场才能买到。因为经历过相对烦琐的购物方式，所以当电商兴起之后，我们会感觉特别方便。但是，线上渠道虽然便利，但却很难提供身临其境的各项体验。尤其是现在九〇后甚至〇〇后的年轻消费者很早就已经开始在线上购

物，便捷只是一种基础的需求。相反，他们对于线下购物的一些有趣体验更感兴趣。

随着九〇后、〇〇后成为消费的主力军，"体验"在营销设计中的重要性也在不断提升。体现在市场的变化上，也出现了线下商业 1.0 时代向 2.0 时代过渡的现象。

（1）线下商业 1.0 时代

在线下商业 1.0 时代，商场主要满足的是人们的刚需，沃尔玛也好，北京百货大楼也好，它们提供的都是我们日常生活必需的一些商品。而且，当时我们去商场购物，更多的是为了储备，而不是应急。这一点其实也很好理解。当你发现家里没有卫生纸的时候，你会到楼下的便利店去购买，而不是去商场。而当我们去商场购买卫生纸的时候，通常会购买一包甚至很多包，储备起来以便平时使用。

传统商场这种满足储备型刚需的能力其实很容易被取代，因为过于基础且没有紧迫性。电商平台兴起之后，我们从线上渠道可以更方便快捷地储备某些商品，所以这些传统商场很快就被电商所取代。相反，同时期兴起的规模更小的便利店，比如 7-11 反而存活了下来。因为他们满足的是消费者的即时性需求，能够在我们突然需要某样东西的时候，及时提供相应的商品。所以直到现在，便利店依然在蓬勃发展。

（2）线下商业 1.5 时代

在进入 2.0 时代之前，线下商业还经历过一个过渡期，也就是 1.5 时代。在这个时代，线下商业的载体依然是商场，但规模更大，而且已经关注到了体验的重要性。

比如，现在的大悦城、印象城等就是线下商业 1.5 时代的典型代表。这些大商城本身通常没有特殊的设计，但其中的店铺却各有特色。尤其是很多体验店，虽然不直接销售产品，但却可以提供各种新产品让消费者亲身体验，譬如苹果体验店、小米体验店等。除了这些体验店以外，这些商城还会布局大量的餐饮店和网红店，同样也是为了强化消费者的体验，吸引流量，从而增加其他门店的销量。

在 1.5 时代，商城已经关注到了消费者对体验的关注，所以开始有意识地向这个方向转型。在这种趋势下，2.0 时代也顺理成章地到来了。

（3）线下商业 2.0 时代

相对于 1.5 时代的推陈出新，2.0 时代相当于进行了一场革命性的创新。这个阶段的线下商业，把体验提升到了极致，商城不再仅仅是一个消费的场所，更是一个可以游览观光，体验各种景致的"网红打卡地"。

在线下商业 2.0 时代，我个人认为其中最出彩的应该是长春的这有山。顾名思义，这有山是真的把一座山搬进了商场当中，在城市中央，打造了一个逃离城市的文化小镇。进入其中，小镇由山坡盘旋至山顶，沿途打造了大气的景观、口味餐街区、美食餐饮、嘉年华区、影院街区、话剧院、书店、咖啡馆、文创街区等，可以满足消费者的各项需求；还有博物馆和这有山舍、山顶问蟾亭等文化景观，供消费者游览参观。

这有山不是商场，但是它胜似商场。人们不是为了消费而来到这有山，但来到这有山的人很难控制自己不去为体验买单。

除了这有山以外，长沙的超级文和友也是线下商业2.0时代的典型代表。超级文和友在商场中重塑了20世纪七八十年代的老长沙街景——300米长的复原街道加上沧桑的墙体，以及缆车、电风扇、搪瓷缸、缝纫机等老物件，很多人的记忆会在一瞬间被激活，沉浸在这种体验当中。

线下渠道在体验方面的天然优势，在这个时代越发凸显。这有山、超级文和友现在都已经成为年轻人追捧的网红商城，每天都会有大量的消费者涌入，尤其是旅游季。这一点，也充分说明，未来场景打造，体验强化的风口，在线下而不是线上。

当然，线上渠道也有自身打造场景、强化体验的方法。过去在线上渠道打造场景，只能通过文字、图片等载体去传播，在表达上有很多限制，所以很难让消费者产生共鸣。但现在，我们已经进入了短视频时代，我们可以通过短视频的方式精准地传达想要塑造的场景，只要设计得当，同样可以激发消费者的购买意愿。

在这方面，我可以分享一些亲身经历。之前有一段时间，某个短视频平台总会在晚上 11 点左右给我推送某个品牌辣酱的相关视频。大家可以想象，人在饥饿的时候看到这种令人胃口大开的美食，通常会感觉极其难受、百爪挠心。当时我看到这个辣酱的价格是 50 块钱 3 瓶，觉得是一个合理的价格，所以立刻下单购买。结果之后在超市中，我又看到了同品牌的辣酱，价格只有之前的三分之一。

这其实也是场景打造的价值之一，当你沉浸在品牌营造的某种场景当中，即便商品的价格相对较高，你也不会感觉到物非所值。

我之前在戈壁参加一场徒步活动，3 天走了 108 公里，身心俱疲。戈壁地区气温非常高，身体的水分很快就会被排出，所以我每天都要喝几十瓶水。我记得当时喝得最多的一天一共喝了 30 瓶水，但却一点都没有去洗手间的欲望，因为水分都变成了汗液，然后被蒸发掉了。

在这样的天气下，我们到达终点的时候，有人正在售卖西瓜。更可怕的是，他还在切开的西瓜上插上了一个勺子，这个场景对于长途跋涉的我来说，简直就是"魔鬼的诱惑"。

所以，即便半个西瓜就要 60 元，即便 60 元在市区可以购买很多西瓜，我还是义无反顾地买了半个西瓜。

在场景当中，你对场景的认知会在无形中增加产品的价值。哪怕只是一个简单的短视频，也能够用极低的成本带来极佳的营销效果。所以，无论是线上还是线下，我们都要帮助自己的产品设定场景，为消费者找到购买的核心理由。

无场景，不营销。

独特场景
=
适用场景
+
适用人群
+
特殊需求
+
别人不行
+
就我行

立场景 如何打造独特场景

第一：独特场景=适用场景+适用人群+特殊需求+别人不行+就我行

公式解读

- 首先，要从自身产品和服务适用的所有场景中找到和自身目标客群相关，而且相对特殊的需求
- 其次，分析在这些需求当中，有哪些是我们能够满足，而其他同类型企业做不到的
- 最后，将产品或服务的相关内容，融入这个特定的场景中

第二：回归体验，重塑场景

- **如何打造能激发消费者购买意愿的场景**
- 分析他们心目中针对某种商品预设的理想场景是什么
- 通过营销内容的呈现去还原这种场景
- 注意：有时候需要综合分析以兼顾不同类型的目标客户群体

- **什么是真正的场景的打造**
- 有针对性地去迎合消费者的个性需求，塑造他们心中的理想状态

第三：独特场景的打造，未来风口在线下

- 提醒：在场景中，对场景的认知会在无形中增加产品的价值
- 关键点：帮助自己的产品设定场景，为消费者找到购买的核心理由

讲故事：
如何设计品牌故事

互联网不相信概念，但互联网相信故事。在生活中，你会发现看完那些大道理之后基本很快就会忘记，但你看完一个有趣的故事之后，即使过了很长时间，你还是会记得故事的梗概甚至部分细节。

所以，讲故事变成企业在这个时代最重要的能力之一。能不能讲好一个故事，直接关系到企业的营销结果。

从 2020 年到 2022 年，租车行业基本全军覆灭。但其中有一家专门经营中国人海外租车业务的惠租车公司，在我看来未来还是有不错的发展前景的。对于这样一家租车公司来说，应该如何让消费者切身感受到企业的价值呢？最简单的方式，其实就是讲故事。

比如我曾经亲身经历的一个故事。当时我和妻子去美国度假，计划到美国中南部的一个小城市——阿尔伯克基。但就像大家都有体会的，虽然从小学就有英语课程，但真正用到英语的时候，你却发现自己既听不懂也说不清。因为我们从小学习的都是相对标准的美式英语或者英式英语，而在不同国家、不同地区，英语的口音是千变万化的。之前去日本的时候，我听不懂日语，而负责接待的人也不会讲中文，我们只能用英语交流。虽然我自认英语水平还可以，但日本朋友说完之后，除了寥寥几个单词，其余的我都没听懂，甚至产生了一种好像听到了一种全新语种的质疑。而这次美国之旅，我们也遭遇了同样的尴尬。

阿尔伯克基坐落于新墨西哥州，距离美墨边境只有几十公里的路程，所以当地人的英语有非常浓重的墨西哥口音。出发之前，我就考虑到了租车的问题，万一我听不懂当地人说的话，或者他听不懂我说的话，应该怎么办？为了避免租车遇到问题，当然更重要的是为了维护自己的"光辉形象"——毕竟我在妻子面前夸下了海口，说自己英语水平足以应付日常的交流。我专门写了一段话，大致的意思是：你好，我是来租车的，之前已经预订，要在哪里办手续签字？然后找到当地人把这句话念了一遍，我用手机录下来反复练习了几十遍，直到熟练到当地人都听不出口音的区别。

到了租车公司，我本以为可以万无一失了，用非常本土的口音一通"输出"，然后在妻子崇拜的目光中开走租好的车，但事情的走向并不像我预料的这么顺利。进入租车公司之后，我第一时间就用练习了很久的这段话跟接待的工作人员进行了友好的交流。但可能是因为过于流利和本土，租车公司的服务人员没有意识到我是一个外国人，反而误认为我是亚裔美国人。在美国，亚洲面孔的美国人并不少见。就像在中国，当一个韩国人或者日本人用非常纯正的地方方言跟你交流的时候，你也很难发现他是一个外国人。

在这样的误会下，租车公司的服务人员也开启了聊天模式。他说了一大段话，我一个字都没有听懂，但妻子就在身边，为了不丢面子，我只好硬着头皮回答"yes（好的）"。之后他又说了一大段话，我还是没有听懂，但从他的语气推测，应该是在问还有没有其他的问题，于是我回答"No problem（没有问题）"。然后就进入了签字确认的环节，有了纸面上的文字，我的英语实力终于得以体现。我"惊喜"地发现，原来预订的129美元一天的雪佛兰SUV，变成了一个995

美元一天的保时捷911。虽然内心在"滴血",但考虑到沟通问题难以解决,而且行程也只有三天,最后我还是咬着牙签了字。

三天后,行程结束去归还车辆的时候,我的姑姑恰好陪同我们一起。她的英语水平远胜于我,所以我就想让她帮忙去问问之前更换车辆的事情。沟通之后,姑姑告诉我,租车公司的服务人员说是一个误会,当时他觉得我的英语口音非常纯正,加上我拿着国际驾照,他以为我是从其他州过来的游客。所以他第一段话的意思是:这个城市周边都是茫茫的戈壁,SUV开起来不够拉风,敞篷跑车才更过瘾,要不要更换租车的类型?然后我的回答是"好的"。他的第二段话是在为我推荐车辆,说他们这里有一辆保时捷911,全车使用碳纤维材质,只开了25.8英里,唯一的缺点就是太贵了,问我介意这个价格吗。我的回答是"没有问题",所以最后我们租用的雪佛兰就变成了保时捷。

我相信很多中国人在国外租车的时候,都会遇到类似的问题,遭遇同样的尴尬。更有甚者,如果碰到警察询问,你听不懂警察的话,又该怎样去解释?"惠租车"就是关注到了这方面的问题,他们在全球90个主流城市布局了很多华人向导，负责陪同客户去租车公司选择合适的车辆。而且，向导还会带用户去附近的加油站，示范如何与加油站的工作人员沟通。在遇到警察询问的时候，向导还会通过电话帮助用户回答警察的问题。这样一来，很多租车和出行方面的疑虑都被惠租车解决了。更重要的是，向导提供的一切服务都是免费的，他们的收入来自为赫兹、百捷特等租车公司推荐客户而获取的佣金。

其实我们可以简单对比一下，单纯地介绍和用故事说明惠租车的各种特色服务的优点，哪种方式更容易让消费者信服？显而易见是后者。当然，也并不是所有的故事都能吸引人的注意力，加深人的记忆，关键在于故事本身的剧情设计。

1. 设计好第二幕的"对抗"剧情

全世界最常见也是最流行的讲故事的方法叫作"三幕剧"，了解影视、话剧的人应该都知道这个概念。世界知名的剧作家莎士比亚的很多作品，比如《哈姆雷特》《罗密欧与朱丽叶》等，搬上舞台后都是以"三幕剧"的形式呈现。

所谓"三幕剧",第一幕是"建制",告诉观众今天要讲一个什么样的故事,大概占25%的比重;第二幕是"对抗",呈现跌宕起伏的剧情,通过一系列的反转调动观众的情绪,大概占50%的比重;第三幕是"结局",为复杂的剧情画上一个或喜或悲或开放的句点,大约也占25%的比例。从故事的构成上来看,所有的精彩、所有值得记忆的关键点,其实都是在中间的第二幕中。

在故事的开端,讲的是一个刚刚走出校门步入社会的年轻人,由于缺乏资本和阅历,屡屡碰壁,总是搞砸各种各样的事情,但他却有一个漂亮且出色的女朋友。这个年轻人在参加活动的时候,不慎被一只基因改造后的蜘蛛咬中,结果第二天他发现自己获得了超能力,不但力大无穷,而且还可以飞檐走壁。

然后,故事进入了"对抗"的第二幕,年轻人开始利用自己的能力惩恶扬善,打败了很多罪犯,成为很多人心目中的城市英雄。但就在这个时候,全剧最大的反派登场了,他同样拥有强大的力量。在交锋中,年轻的英雄败下阵来,内心的黑暗与颓废重新占据了上风。但是在朋友和家人的开导下，他开始重新思考自己存在的意义，找回了继续战斗的勇气。而反派为了彻底打败年轻的英雄，让自己的邪恶计划能够顺利实施，抓走了他的女朋友相要挟。为了拯救城市，也为了解救自己的爱人，年轻的英雄再一次和反派展开了交锋。而这一次，重新强大的内心给了他更加强大的力量，年轻的英雄击败了反派。

故事的最后，年轻的英雄拯救了城市，也救回了自己的女朋友。他和过去一样，每天都在忙碌工作，但一旦城市中出现紧急情况，他就会变身成为超级英雄，挺身而出。

看到这里，相信很多人已经发现，这个故事就是我们熟悉的著名影视作品《蜘蛛侠》。我们可以设想一下，如果去掉中间的剧情会怎样？一个年轻人，被蜘蛛咬中，拥有了超能力，然后他拯救了城市，拥有了爱情。如果是这样的剧情，这个电影可能在十分钟内就结束了，更不会有人感兴趣。

为什么好的故事可以引人入胜？因为"对抗"环节剧情的起伏、情节的跌宕，会让观众不由自主地对接下来的剧情产生好奇心，更加认真而投入地融入故事剧情当中。

所以，我们在讲自己品牌的故事的时候，中间"对抗"

部分的第二幕一定要设计得当，剧情不一定要曲折，但必然要具备矛盾与冲突的关键点。**真正讲故事的能力，在中间的对抗，在中间的剧情，在于你能不能把企业的核心卖点转化成相互碾压、相互对抗的剧情。**

就像在前面的第一个故事里，我带着妻子去美国，但中国人英语都不太好，外出租车不踏实。这是最开始"建制"的部分，说明了故事的背景。

而中间"对抗"的部分是最精彩的，租车公司工作人员说的话我没听懂，导致预订的车辆被换。到这里，矛盾、冲突已经产生，观众的情绪和好奇心也被调动起来，究竟这个工作人员说了什么呢？然后，姑姑的解释说明了一切，大家会心一笑，心有所感。

最后在结局部分，强调一下惠租车的服务优势，告诉大家海外租车还是要选择惠租车。因为有了剧情的铺垫，有了感同身受的体验，消费者很容易就会对品牌产生信任。

换个角度来说，如果去掉中间"对抗"部分的矛盾冲突，这个故事也就失去了意义。中国人英语不好，外出租车经常不踏实，所以建议你用惠租车。因为"惠租车"在全球九十个主要城市都布局了华人向导，有丰富的服务经验，等等。这种表达和常规的电视、网络广告基本没有太大的区别。

2. 善用"反转"，制造意料之外的惊喜

　　基于过去的人生体验，我们对于很多事情都会存在刻板印象。比如，当看到一个身宽体胖的士兵时，大多数人第一反应就是炊事兵；当看到影视剧作品中，某人其貌不扬却有很多镜头的时候，就会觉得这个人一定会有特殊身份。

　　而"反转"其实就是利用这种认知惯性，通过创造与观众预期大相径庭的结果，来制造反差感、惊喜感，从而强化剧情对抗性，加深观众的印象。

　　之前在网络上，一则来自日本的"反鸡汤"短片《奇迹很少发生》爆红。在故事的一开始，一个女孩坐在公交车上，正在去面试的路上。而她的对面站着一个穿红袜子黑皮鞋的老人，出于尊老爱幼的美德，女孩站起身来，把座位让给了这位老人。

抵达面试的公司之后,女孩低着头坐在椅子上,却发现对面的面试官也是穿着红袜子黑皮鞋。这个时候,按照一般"鸡汤"故事的发展,这个面试官就应该是女孩遇到的那位老人。但当女孩抬起头,却发现并不是。面试结束之后,女孩垂头丧气地走出办公室,正要离开的时候却被人叫住。回头一看,正是在公交车上自己为其让座的那位老人,老人穿着公司的保洁服装,正在打扫大厅的地面。得知女孩的面试结果并不好时,老人还鼓励了她。就在女孩转身离开的时候,听到后面有人呼唤"社长"。按照戏剧化常规套路,保洁老人就应该是这个社长,但女孩回过头的时候,发现人们奔向的是保洁老人身边一位蓝衣中年人。女孩失望地再一次转身,而蓝衣中年人又提醒自己的哥哥应该回办公室了,女孩再一次回头,发现说的仍然不是保洁老人,而是推门而出的一位红衣老人。这时红衣老人又在呼唤会长,女孩再一次回头,发现真正的会长从远处的前台站了起来。

最后,三个公司高层在员工簇拥下结伴离开,女孩也走出了公司的大门,而保洁老人依然在打扫大厅的地面。

这个故事充满了反转,从一开始的各种心理暗示,到后来女孩的一次次转身、回头,营造出了很多意想不到的结果,让人印象深刻。

什么是反转？反转其实就是对固有认知的挑战，通过各种意想不到的结果，让人产生意料之外的惊喜。

3. 拆解产品核心卖点

既然我们知道要讲故事，也知道故事的形式是什么，那么故事的内容从何而来呢？最常见的一种方法就是把你的产品的核心卖点进行拆解。

我们曾经服务过一家奶制品企业，他们公司生产的牛奶品质出色，自带甜味。我们应该通过一个什么样的故事，让别人相信牛奶的品质呢？答案很简单，就是拆解。

首先，高品质的牛奶来自优秀品种的奶牛。我们农场饲养的是国内优秀的奶牛品种——中国荷斯坦牛，这是引进国外各种荷斯坦牛和国内本土的黄牛杂交，并经过长期选育之后培养出来的优质品种。

其次，要想产出高品质的牛奶，奶牛需要良好的生长环境。我们通过系统的调研和运算，发现一头奶牛每年平均要食用 4830 公斤的牧草、喝掉 16425 公升的水、呼吸 48300 立方米的空气。而我们的牧场处在 2000 米海拔之上的新疆伊犁地区，昼夜温差大，牧草甘甜；未经工业开发，水质良好，空气清新，能够为奶牛提供优质的成长环境。

当然，空口白话去表达很难让消费者信服，所以我们需要进一步拆解。比如表达空气清新，我们可以用夜晚璀璨星空的画面；强调牧场环境优质，我们可以把摄像头挂在奶牛身上，以它们的视角，跟随它们的脚步，去呈现牧场的整体状态。

我们心里始终要有一根弦——故事是为营销服务的。所以，讲好一个故事，最重要的就是把你的产品核心价值拆解，并且把拆解之后的知识点，在故事里面集中体现。

我们之前有一个客户，他们在广西的防城港开发了一个很有意思的项目，想要打造一条巨大的餐饮街，把这个地方变成整个防城港最好的餐饮的集中地，吸引全区甚至全国的消费者来吃海鲜。

一盘美味的海鲜怎么拆解？第一，原材料要鲜活。他们所在的位置，旁边就是国家级海洋渔场，这是我们传播的重点之一。第二，除了材料鲜活，菜品做法也要出众。他们聘请了国家级的大师过来专门做菜品的研发，打造了中国海洋菜品研发中心。第三，美味还需要优美的风景映衬，美食街旁边就有一片非常漂亮的海，每天傍晚都能看到绝美的日落，所以我们打造了一个中国绝无仅有的概念，叫中国"最美夕餐厅"，大家都看海上日出，在这里，你能够看到比日出更美的海上日落。

品质、做法、环境，三大核心价值聚齐之后，你会发现防城港的项目极具竞争力、极具诱惑力。

好的故事不仅要有合适的框架，更要有扎实的内容。我们需要对自己的核心卖点进行精细的拆解，并且把拆好以后的每一个关键点集中去表现出来，这就是讲故事的重要性。

互联网不相信概念,
但互联网相信故事。

能不能讲好一个故事，
直接关系到企业的营销结果。

讲故事 如何设计品牌故事

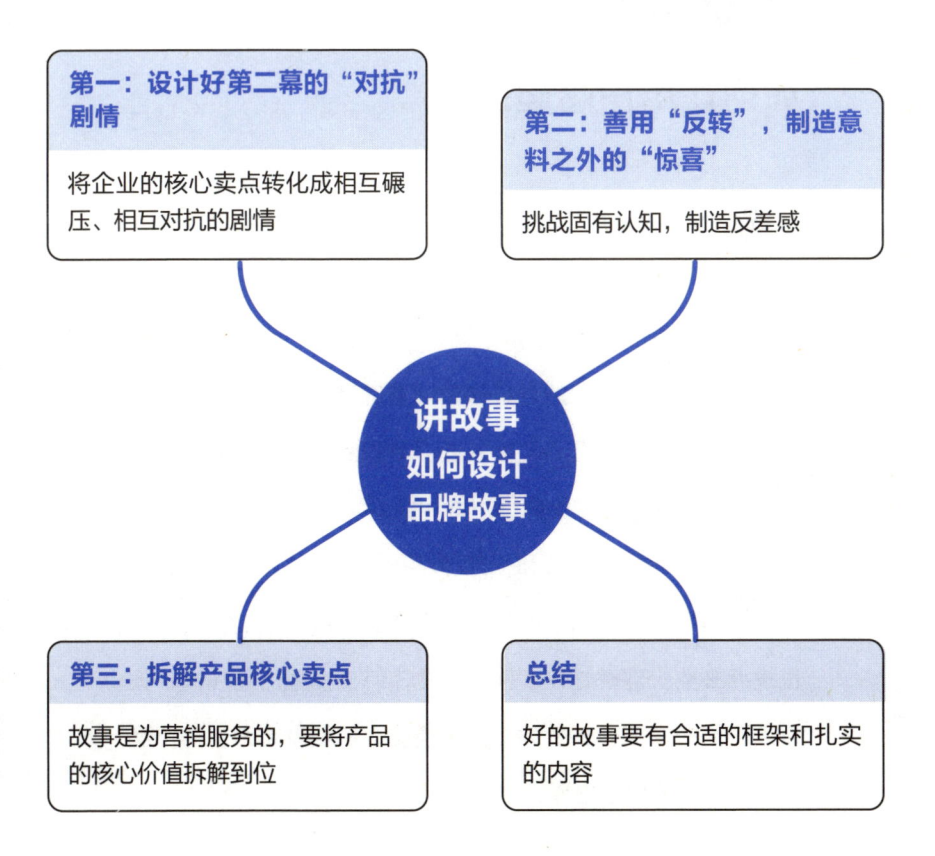

第一：设计好第二幕的"对抗"剧情
将企业的核心卖点转化成相互碾压、相互对抗的剧情

第二：善用"反转"，制造意料之外的"惊喜"
挑战固有认知，制造反差感

第三：拆解产品核心卖点
故事是为营销服务的，要将产品的核心价值拆解到位

总结
好的故事要有合适的框架和扎实的内容

强体验：
如何让用户嗨起来

之前，很多企业的老板都跟我抱怨过一个问题：我们的产品真的很好，但总是没有人能够注意到。这句话其实已经体现了企业存在严重的内部思维问题。

作为产品的开发者和生产者，我们能够清楚地了解自己的产品品质有多么出色。但对于消费者来说，他们没有义务也没有必要去理解这些。消费者更多时候需要的是体验，换言之，你的产品有多优秀这并不重要，消费者因为你的产品或服务变得更好才重要。

每次谈到体验的时候，很多人都会感觉这个概念过于宽泛，如果一定要用一个词来形容体验的话，我觉得应该是爽。从消费者的角度来说，所有美好的体验最终都会带来爽的体验。也正是因为如此，我始终相信在这个时代，以及在未来的时代，一切好公司都应该是游戏公司，因为游戏公司最擅长的就是通过各种设计，让用户体验到爽的感觉。

那么，对于企业来说，让消费者感觉到爽，都有哪些玩法呢？一般来讲，可以分为便利体验、信任体验、承诺体验、尊重体验、自主体验、知识体验、尊贵体验这七种方式。

1. 便利体验

就像我们之前提到的，现在的年轻消费者，对于能够迎合人"懒"的天性的产品和服务，基本没有任何的抵抗力，比如美团、滴滴等。当过去需要相对烦琐的步骤才能获取的产品或服务，现在简单动一下手指就能得到，消费者没有理由不感觉到爽。

之前我们曾经帮小米公司设计过一个营销策划的方案，当时在网络上也引起了不小的讨论热度。当时，小米公司推出了自己的床垫产品，然后找到我们帮忙设计一套方案，以期让更多的人能够看到这款产品。经过一段时间的讨论之后，我们给出了一个滴滴叫车和床垫结合的策划案。

简单来说,就是小米和滴滴合作,把床垫安放在房车上,只要用户同意我们拍照用于宣传,就可以享受躺着去上班的乐趣。当然,这个体验的场景并不仅仅局限于滴滴平台,办公室、居民楼下大厅等,都可以成为体验的场所。只要消费者需要,我们可以把床送到任何一个位置,供消费者体验。甚至在我们拍照记录的过程中,消费者还可以在床垫上休息15分钟,睡上一个高质量的午觉。

这个策划虽然是为了提升新产品的曝光度,但实际上却简化了人们购买床具的流程。你不用去线下体验,不用去店里体验,也不用去宜家体验,只要下楼就可以感受到产品的舒适程度。即便我们活动的范围并不大,但至少在整个活动过程中,我们发现,几乎没有消费者能够拒绝这种便利的体验。

而这一方案实施后,不仅为小米的床垫产品带来了充足的流量,还引起了网友的热议,引发了大量的UGC(User Generated Content,用户原创内容),进一步提升了产品和品牌的热度。

虽然这只是一个简单的营销事件,但不难看出人们对于便利体验的追求。我们可以假想一下，如果未来真的出现这种免费送货上门体验的服务，有多少人会买账？我相信至少在习惯了享受上门服务的年轻消费者中，这种业态大有可为。

2. 信任体验

对于很多企业来说，现在是一个信任崩塌的时代。借助互联网的力量，"科技与狠活"变得无所遁形，消费者很多时候甚至可以比企业的销售人员更了解产品和服务。但越是在这样的时代，那些直言不讳、开诚布公的品牌，越容易给消费者带来良好的体验。

从某种程度上来说，小罐茶其实就是基于信任体验而诞生的产品。为什么小罐茶这么受消费者欢迎？因为它价格统一，明码标价。

茶作为一种商品，其定价自古以来都很难有明确的标准。人们之所以在赠送礼品的时候喜欢选择茶叶，就是因为收到礼物的人大概率分辨不出茶叶品质的优劣与价格的高低。比如，有人送给我一罐茶叶，说它10000元一斤也好，100元一斤也罢，我都无从验证。所以如今在茶行业当中出现了一个潜规则，就是茶的包装一定要设计漂亮，越是品质一般的茶，包装越要精美。甚至很多时候我们不是买茶送包装，而是买包装送茶。

我觉得这个世界上所有人都有这样一种心态：我可以买贵的，但我不想买贵了。买贵的代表我的品位高，而买贵了代表我的情商和智商低，这其实就是一种不愿意上当的典型心态。在这样的情况下，"小罐茶"的出现改变了茶叶价格标准不清晰的现状，设置了统一的价格体系，明码标价：1罐50元钱，10罐就是500元，20罐就是1000元，40罐就是2000元，非常简单、直白地将价格告知消费者。

虽然小罐茶的价格确实相对较高，但仅仅明码标价这一点已经足以得到很多消费者的信任。尤其是当代的年轻消费者，即便在人情往来中，也更习惯于直来直去。从这个维度考虑，统一价格体系的小罐茶比起那些标准不一、价格各异的产品，显然更值得信任。

在很多企业的认知当中，夸张和渲染是行之有效的营销手段。但在我看来，在这个相对公开透明的时代，过分的夸张和渲染不但不会得到消费者的关注，反而会让人反感。与其胡吹，不如实话实说。

3. 承诺体验

承诺体验其实可以视为信任体验的一种延伸。企业在营销的过程中，常常会做出一些承诺来彰显产品和服务的品质。比如，有些酱酒品牌会在包装上注明"不添加一滴水"，来证明产品的高品质。而一旦做出了承诺，势必会对消费者的体验造成影响，如果企业信守承诺，消费者会获得良好的体验，从此更加信任这个品牌；但如果企业失信于人，没有兑现自己做出的承诺，那么必然会被口诛笔伐，承诺也会失去说服力。所以，在提升体验方面，做出承诺不是最重要的，关键是要兑现自己的承诺。

天猫平台的"14天无理由免费退货"承诺，是提升消费者对平台信任程度的重要一环。他们思路非常简单，就是极大地拉低用户的试错成本。不管是颜色不喜欢，产品不喜欢，还是你妈不喜欢，甚至你家狗不喜欢，都可以选择退货。即便用户不想说明理由,同样也可以退货。为了保障退货渠道的畅通,过去烦琐的退货流程统统都被简化,现在用户只需要点一下手机屏幕上的选项,很快就会有快递员上门取走要退回的货物。

也正是因为天猫实打实地兑现了自己做出的承诺,所以才会有越来越多的用户对平台建立起信任。

有承诺,有兑现,才能为消费者带来承诺体验。当然,这里有一个非常重要的前提,那就是企业的产品或服务本身必须有过人之处,否则所谓的承诺也无从谈起。

4. 尊重体验

在马斯洛需求层次理论中,尊重是仅次于自我实现的第二高的人类需求。很多人可能会疑惑,在生活当中,人与人相互尊重不是最基本的吗?确实如此,但在企业与消费者之间,这种尊重并不常见。大多数时候,企业会从自身出发去揣度客户的需求,而客户也会站在自己的立场,用自己的标准去衡量企业的产品和服务,最终落得一个相看两厌的结局。

作为被选择的一方，企业必须是率先做出改变的人。企业需要意识到，消费者不仅需要尊重，更需要在产品和服务中感受到这种尊重。

为什么海底捞那么受人欢迎？从我个人的经验来讲，一方面是因为海底捞的品质较高且相对稳定，能够保持在85～90分。如果我今天选择一家没有去过的火锅店，结局会有两种可能：这家店品质出色，能够达到95分；但还有一种可能是连50分都达不到。所以，与其冒险去尝试新鲜事物，我更愿意选择海底捞。

而另一方面，海底捞的服务给人带来的尊重感，是其他餐厅所不具备的。我相信如果你去商场里转一圈，就会发现几乎只有海底捞的工作人员会给你鞠躬，会询问你有没有就餐的需求，会帮你开门、拨帘。除此之外，等位时的美甲、擦鞋服务，开放的游戏厅以及各种免费的零食、小吃等，也是海底捞为顾客营造的尊重体验的一部分。虽然只是一些小细节，却足以让客户感受到自己得到了极大的尊重。

对于餐饮这件事情，我一直觉得，美食有时候都是第二位的，体验感才是最重要的。有一次我独自去海底捞用餐——

一个人吃火锅其实是比较尴尬的事情，但就在这个时候，海底捞的工作人员拿来一只巨大的熊玩偶放在我对面，让它陪着我就餐。随着人们的目光被玩偶转移，我虽然感觉有些怪异，但这种被尊重的感觉，却有效对冲了独自用餐的孤独和尴尬。

在现实当中，很多企业之所以一直得不到消费者的青睐，就是因为缺少尊重体验方面的设计。我们不妨换位思考一下，当你听到有人向你说教，强行灌输给你某个产品的品质出色、值得购买的认知时，你是什么感觉？怀疑，厌烦，还是反感？企业不是为消费者做出判断的人，只是等待被选择的千分之一甚至万分之一，我们需要尊重消费者的需求和感受，去设计符合他们认知的体验。

5. 自主体验

我在"立场景"的部分曾说过，消费者需要身临其境的感受，才能深刻地了解产品和服务的价值。在体验设计方面，其实也是同样的道理，我们需要让客户产生自主参与的体验，能够将自身代入场景中，得到更深刻的体验。但作为局外人，我们又很难去设计出能够让消费者感知深刻的体验，所以最好的方法就是让消费者自己去搭建场景、制造体验。

江小白输出的大量优质内容其实都是UGC（用户原创内容），因为他们知道消费者不会为企业的情怀买单，只会为他自己的情怀买单。

江小白等于是把文案的设计全权交给了消费者，在有限的包装面积上，你来发送图片，你来撰写内容。所以才会有那样美好的句子："忽有故人心上过，回首山河已是秋，两处相思同淋雪，此生也算共白头。"只有亲身经历过，才能写出这样的真情实感。而在现实当中，有类似经历的人，不止一个。所以，当用户搭建起这个场景，往往会赢得其他有同样经历的消费者的共鸣与共情。最后，很多人会深有所感，一声叹息足以道尽所有的体验。

提升消费者的自我感知，本质上其实是提升心理的满足感，消费者在帮助江小白输出文案的同时，也是一种自我价值被认同的体验。

6. 知识体验

当然，提升心理满足感不仅仅是让消费者自我输出内容这一种方式。从企业的角度出发，我们也可以输出一些知识性的内容，让消费者能够从中获得一些参与感、满足感和成就感。

为什么现在那么多人愿意为知识付费？为什么有那么多人去看罗振宇、吴晓波？是因为在看或听的过程中，用户得到了知识以及知识带来的参与感、满足感和成就感。

比如，我之前和罗振宇老师交流的时候，他曾经说过这样一句话："其实你看人生无非两件事——更好地节约时间和更好地浪费时间。"这句话让我深感认同，因为我发现商务也是一样的道理，微信帮你节约时间，而抖音帮你浪费时间。

有时候，一个优秀的老师的一句话就会让你茅塞顿开。这种自我提升带来的爽，源于多巴胺的分泌。深入大脑、无比清晰、难以磨灭，这就是知识体验的力量。

7. 尊贵体验

  虚荣心是人类天性中的一大弱点，几乎没有人能够克服。回想一下，在上小学的时候，我们被评为三好学生后都有哪些奖励？无非是一张奖状。但为什么还会有那么多人为了得到这张纸而拼命努力？这是因为当你站在台上领奖的时候，听着老师的赞扬，看着台下同学们羡慕的目光，虚荣心会得到极大的满足。成年人同样也有虚荣心，只不过满足我们虚荣心的体验，从一张奖状变成了其他的尊贵待遇。

  之前，我在网络上曾经看到这样一句话："今天中国大部分文人会分成两种，一种是在阿那亚买房的，一种是没有在阿那亚买房的。"这句话可以体现出阿那亚的高端定位，以及带给人的尊贵体验。

  阿那亚的一套房子不仅仅意味着一个住所，更代表了一种生活方式。在这里，你不仅能够收获美丽的海景，还能感受到很重的人文气息，比如阿那亚的三大灵魂建筑：孤独图书馆、海边礼堂和沙丘美术馆。阿那亚每年还会举办很多不同类型的活动，无数的明星在这里聚会，包括阿那亚举办的艺术节都是在中国戏剧的最高殿堂——中国大戏院举办的。

居住在阿那亚的人,能够获得很多在普通社区中感受不到的高端体验,而这种体验会让人感受到一种与众不同的尊贵感。

当然,想要让消费者获得尊贵体验,不只有高端路线这一种方式。尊贵体验的本质就包含了高人一等的感受。从这个角度出发,一些游戏也会利用设计让充值的消费者得到某些个人优势,获得一些未付费的玩家无法获得的好处,这也是一种打造尊贵体验的方式。

2019年我去录《奔跑吧兄弟》的时候,和杨颖进行了一些交流。我说她是A4腰,我是奥迪A4腰。其实就从腰这件事情上,就可以给人带来尊贵感。

现在很多网红餐厅都会在门口放一个测试身材的游戏道具,能通过最窄的边框的人可以得到最高的优惠力度。来就餐的一个家庭当中,或者一群朋友当中,不可能都是体型较胖的人,总有几个相对比较瘦的。即便通过不了最窄的边框,得不到最大的折扣,也能获得一个还不错的优惠额度。比起直接给予客户优惠，通过游戏的方式让消费者利用自身的优势去争取优惠，这样人们不但获得了游戏的快乐，同时也会因为自身的身材优势得到彰显而获得更好的体验。

其实人们的虚荣心很容易满足，哪怕只是一点点与众不同的对待，就可以让消费者获取一定的尊贵体验。所以，你的产品和服务必然要具备个性化的特征，因人而异才能让大多数消费者都感受到与众不同的待遇。

虽然体验这种事情因人而异，但如果我们的设计可以迎合人性、契合天性，总有一种方式能够触动用户的"爽点"，让他们"嗨"起来。当然，便利体验、信任体验、承诺体验、尊重体验、自主体验、知识体验、尊贵体验等只是体验提升的简单思路。在具体的经营中，体验的设计还有很多要点需要关注。

第一，单点突破，强化记忆

有人说，既然体验这么重要，那就把体验做到极致。实际上，我们并不建议大家做全部的体验和服务的升级，因为极致的服务和极致的体验背后，一定是极致的成本。最好的方式是什么？是服务升级的单点突破，也就是点睛之笔。

我们之前在广州投资了一家企业，叫作"泰享受"，主打泰式按摩服务，到 2022 年已经在国内开了 200 多家分店。

为了和同类型的品牌形成差异，我们为泰享受的门店设计了一个单点突破的服务升级策略。简单来说，就是为客户提供洗袜子的服务。因为大多数的客户都是在晚上的时间到店消费，经过一天的工作身心俱疲，想要做个 SPA（水疗）放松一下。进门之后，顾客第一件事情就是洗脚，然后擦干净穿上门店准备的干净舒服的拖鞋和衣服，进入 SPA 区，接下来就是按摩和放松。一套流程下来，整个人都会感觉身心舒畅，浑身舒爽。但在出门的时候，换上穿了一天的袜子，原本舒服的感觉瞬间就出现了瑕疵。

意识到这一点，我们对常规的服务进行了升级，增加了洗袜子的项目。这样，顾客在按摩结束后，就可以换上干净、温暖的袜子，高兴愉快地离开。虽然只是一个细节的提升，但却能够让消费者感受到不一样的关注与尊重，成为服务的加分项。

说到这里，很多人或许会质疑为什么要这么麻烦地帮客户去清洗袜子，直接送一双新的袜子不就好了？首先，我们不知道客户喜欢什么样的袜子；其次，有了新的袜子，客户需要处理原来的袜子，是装在包里，还是装在口袋里？似乎都有些不太合理。所以，比起送袜子，清洗袜子反而是更合理的选择。而且，相比之下，洗袜子的成本更低，只需要一个烘干机的成本就足够了。

体验的全面提升，固然可以将用户的感受带到另一个维度，但高昂的成本或许会让我们入不敷出。在营销方面的工作上，成本是不得不考虑的一个问题。服务破圈的同时，能够有效地控制成本，才是我们所需要的理想状态。

那么体验单点突破的方法都有哪些呢？我们认为通常有以下三个方向。

第一，服务的可视化，让无形的服务能够被看见。 比如在餐厅中，服务人员帮你榨了一杯西瓜汁，这个时候整个服务过程你是看不到的。但如果是在海底捞，你觉得西瓜汁好喝的话，服务人员会在你结账离开的时候送你一个西瓜。这样一来，你就可以看到并感受到海底捞优质的服务。

第二，场景的生活化，让服务融入生活。还是以海底捞为例，他们的服务往往都和消费者生活中的一些需求相关，比如美甲、擦鞋等。甚至，当你在海底捞庆祝生日的时候，服务人员也会加入进来，一起唱歌、跳舞。这就是把餐厅的服务融入消费者的生活场景当中。

第三，仪式感。现在有很多餐厅都会推出一些需要现场制作的爆款菜，目的就是通过现场制作的这个仪式感，提升消费者的体验。比如某家餐厅的现做豆花，服务人员会把烧得滚烫的鹅卵石放在容器中，然后把豆花浇进去。在嘈杂的食物翻滚声中，在升起的炊烟中，消费者会感受到生活的气息，体验感加强的同时，一道简单的豆花也会变得更有价值。

当然，仪式感的设计需要和客户的真实需求挂钩，否则，仪式感不但不会增强用户的体验，反而会使人反感。

我朋友曾经和我分享过一个他的亲身经历。当时他的母亲来北京看望他，但不巧的是，他第二天恰好要出差。为了弥补不能陪伴母亲的遗憾，他在某平台上为母亲买了一份礼物，因为害怕礼物不能准时送到，还特意选择了京×达服务。

京×达服务是该平台推出的高端物流服务，客户在平台下单后，会有专人专车送货到家。而且，送货的服务人员还会统一着正装，彰显客户的尊贵。这种高端的服务看上去似乎没有什么问题，但实际上却容易造成误会。我朋友动身到外地之后，他的母亲也回到了他北京的家，刚进家门，送货人员也到了。当时，一个穿着一身黑色西服，扎着黑色领带，一脸庄重的工作人员手捧着一个黑色的盒子在敲门，当时他母亲看到后就吓哭了。

很多时候，一些所谓的仪式感其实就是画蛇添足。所以，在提升体验的时候，我们希望企业能够更多地站在消费者真实的需求上，去思考他们到底要什么。

第二，现场体验，线上传播

强化体验大多数时候都是在线下，但就像我们都知道的，线下的流量毕竟有限，想要实现利益的最大化，我们还是要想方设法将优质的体验在线上渠道进行更加广泛的传播。所以，在设计体验之初，我们就要考虑到线上传播的可能性，基于客户的实际情况，去设计他们乐于分享的内容形式。

以我们服务过的一个客户美克美家为例,他们一直想要打通客户"社交裂变"的通路。但是作为高端品牌,他们的客户层次都很高,而这样的人对于自己的朋友圈会非常重视,不会轻易发一些低质量的内容。所以无论美克美家怎么挑战激励政策,如何改变宣传套路,客户依然不愿意发朋友圈分享品牌相关的内容。

后来,我们帮助美克美家策划了一场"名画复活节"的活动,找了一些模特打扮成名画中人物的样子,站在美克美家的产品旁边。比如坐在沙发上的"凡·高"、坐在书桌前的"戴珍珠耳环的少女"、站在柜子旁边的"吹笛子的少年"、靠在床上的"蒙娜丽莎"等。很多美克美家的客户都受邀参与了这场活动,其中大部分人都拍了照片,发了朋友圈。这些客户之所以愿意去分享这样的内容,是因为活动的调性与他们的层级相匹配,同时现场的氛围也提升了他们的体验。

现场的体验是为了更好地进行线上传播。所以一切的线下活动都要围绕一个重点,如何让来的客人都心甘情愿地通过朋友圈帮你做传播。

总而言之，现在的消费者越来越相信"眼见为实"，所以优质的体验不再是加分项，而是必需项。我们需要重新回到客户需求的起点，分析消费者的个性，找到突破的关键点，强化体验，在客户"嗨起来"的同时，帮助品牌实现口碑的传播。

你的产品有多优秀这并不重要，
消费者因为你的产品
或服务变得更好才重要。

强体验 如何让用户嗨起来

第一：便利体验
主动迎合人"懒"的天性，提供足够的便利

第二：信任体验
在公开透明的时代，实话实说

第三：承诺体验
兑现承诺比做出承诺更重要

第四：尊重体验
在产品和服务中让消费者感受到被尊重

第五：自主体验
让消费者自己去搭建场景、制造体验

第六：知识体验
引导消费者获得参与感、满足感和成就感

第七：尊贵体验
创造个性化的特征，满足人的虚荣心

做曝光：
如何打造爆红内容

在这个流量至上的时代，品牌想要发展，不可或缺的一点就是曝光。企业要用曝光的方式让更多的消费者看到自己，更快地去了解企业提供的产品和服务。

过去，企业为了获得更多的曝光，往往会在人上下功夫。明星代言其实就是一种借助明星个人的影响力增加品牌曝光的典型方法。还有很多企业会把本身就自带流量的创始人或其他管理者推到台前，借助他们的影响力，为品牌和产品带来更高的热度。现在很多企业的管理者，本身就是网红，比如小米的CEO雷军在微博上拥有2200多万粉丝，而红米的总经理卢伟冰也有300多万粉丝。

当然，除了人以外，物和事也都可以成为曝光的对象。而且，人的曝光是一项系统工程，从人设的打造到内容的持续输出，再到将人身上的流量转移到品牌和产品上，每一个环节都需要投入大量的时间和精力。相对而言，物和事的曝光通常效果更加明显。

1. 物的曝光：成为网红不是坏事

对于企业来说，很多物都可以成为曝光的对象。比如，一个非常出色的产品、一个特色的建筑、一个充满设计感的雕塑等。物的形式是什么并不重要，关键在于它是否具备足够的吸引力。

"七彩云南·古滇名城"是坐落于云南省昆明市滇池南岸的一座大型文化旅游城市综合体，这是一座滇池旁边为北方"候鸟一族"设计的活力小镇。在这里不仅有依山傍水的美景，还有地区特色、少数民族风情的建筑以及各种配套的生活服务设施。来到这里的"候鸟一族"，无论是短暂停留，还是要在这里生活一段时间，都能享受到美好的景色和温馨的生活。

而在古滇名城当中，很多建筑的设计都极具特色，能够给人留下深刻的印象。我个人记忆最深刻的就是滇池之眼——一个坐落在滇池边的巨大摩天轮。之所以会记忆深刻，一方面是因为摩天轮的设计与众不同，像是一个开屏的孔雀，极具云南特色；另一方面是因为坐在摩天轮之上，随着高度的升高，脚下绝美的风景让人流连忘返。

古滇名城也好，滇池之眼也罢，其实都是典型的网红建筑，能够吸引很多年轻的消费者前来拍照、体验、打卡。这是企业吸引市场关注，推动品牌出圈的一个重要方式。

当然，对于大多数企业来说，网红建筑虽然能够吸引流量和关注，但真正进行转化的时候，关键还是要看产品和服务的质量。所以，如果我们能够把高质量的产品打造成为网红产品，同样也可以出圈，而且更容易实现转化。

五粮液之前推出了一款小酒，名字叫作小熊猫酒。其外观非常漂亮，采用玻璃制作，整体形象是一个熊猫抱着一根竹子，竹子的最上端就是瓶口。除了外观设计独特以外，小熊猫酒灌装的是十年的五粮液原浆，品质也相当出色。这样一款既可爱又品质出众的产品，没有理由不成为爆款。即便很多人不喝酒,但这也不影响人们对五粮液的品牌形象有所改观。在传统与潮流的交替间,给消费者留下了更加深刻的印象。

再比如,我们之前和洛可可的贾伟老师一起合作开发的55度杯产品当初也是一个爆款,全年销售额将近40亿元。

55度杯为什么能够爆火?是因为它准确切中了人们对于温度的需求。比如说孩子半夜醒了需要喂奶,如果是一杯开水,等它达到适合孩子饮用的40～60摄氏度,需要很长时间。而55度杯中的水可以直接倒出来冲泡奶粉,省去了等待的时间。有了这样一个杯子,晚上醒来的时候,在床边就可以喝到温度适宜的温水;早上起床吃早餐的时候,就可以喝到温热的牛奶。这其实就是我们开发这款产品的初衷:让人可以在任何时候,任何地点,随时喝到最佳温度的饮品。

虽然看似只是从保温杯到变温杯的转变,但从55度杯上,消费者可以感受到企业对温度的关怀,体验到便利的快乐。

从这两个案例中不难看出,产品出色的质量只是出圈的基础。除此之外还需要进行设计,比如外观的提升,满足消费者细化需求能力的提升等，才能真正出圈。

钟薛高的创始人林盛曾经说过："在这个时代，网红是通往品牌的必经之路。"所以，林盛认为网红不是件坏事，相反好品牌就应该是网红，当然网红不一定都是好品牌。我也认同这种观点，**网红是一种能力，但不是你最终的目标。它就像是一座桥，可以帮助你的品牌实现长久的盈利。**这个桥，我们一定要学会如何走过。

2. 事的曝光：创造热门事件

就像我们在前面内容中提到的，把物作为曝光的对象，一个非常重要的前提是你要具备高质量的物。但在现实当中，将一个普通的高质量产品，打造成具备网红属性的产品，并不是一件简单的事情，需要我们花费大量的时间和精力。如果你在短时间内无法实现物的曝光，其实不妨尝试一下事的曝光，也就是我们常说的事件营销。

所谓"事件营销"，顾名思义，就是用热点事件去博取消费者的关注，从而提升品牌和产品的知名度。

之前为了宣传途牛旅游网新开的从成都直飞马尔代夫的航班，新旗互动的肖剑老师和国内知名的行为艺术家何利平老师合作，策划了一场有趣的事件营销，叫作"只要心中有沙，哪里都是马尔代夫"。在成都沙湾路的十字路口的一个沙堆上，何利平老师一身海边沙滩装扮，躺在沙子上，手里还拿着一杯饮品，就像在海边度假一样。很多人关注到了这种不合常理的行为，不仅报纸刊载了相关消息，在网络媒体上更是引起了轩然大波，很多公众人物和微博"大V"都转发了相关信息。

之后，新旗互动出资，将何利平老师送到了马尔代夫。而到达马尔代夫之后，何利平老师在微博上发了一张"马代"和"马路"的对比图，引出了"昨天马路，今天马代"的主题，也让更多人关注到了途牛旅游网成都直飞马尔代夫的航班。

事件营销其实就是，通过一个事件让消费者记住一个产品或者一个服务。但很多时候，我们在设计营销事件的时候，总是会喧宾夺主，让消费者把更多的注意力放在了事件本身上，而忘记了事件背后我们真正想要宣传的内容。比如，现在很多人应该还记得支付宝锦鲤还有"信小呆"，但支付宝锦鲤活动想要宣传的是什么，还有多少人记得？

所以，我们在设计营销事件的时候，一定不是单纯地只考虑事件本身，更要考虑这个事件能不能带活我们自己的品牌。否则事件爆火，但品牌和产品没有得到相应的热度，那我们在事件营销上花费的时间和投资，等于打了水漂，得不偿失。

在事件营销方面，江小白是绝对的佼佼者，而且它非常擅长将事件和自己的产品关联起来。之前在某个"双十一购物节"活动的时候，江小白策划了一个事件叫作"江小白一生一世的酒"，简单来说就是消费者可以购买这款产品，之后江小白每个月都会给客户寄出12瓶酒。

这个活动本身并不能构成事件，但是当客户加入讨论之后，事件就产生了。在江小白的活动页面，有很多客户都在评论，请问是买了以后寄一辈子吗？每个月送12瓶，送到死吗？江小白的客服人员回答说，是的，一生一世的酒是买了以后寄一辈子，客户活多久，我们送多久。一问一答，活动的可玩性、趣味性大大提升，很多客户都加入了讨论。随着讨论热度的升高，这个活动也成为一个热点事件，被送上了热搜。让更多的消费者看到了这个产品，了解了江小白这一品牌。

综观所有网红品牌，绝大多数成功的创业案例都伴随着一个甚至多个热门事件的助力。热门事件对于消费者来说，就是一个热搜上的资讯消息，而不是企业投放的营销广告。在这样的心态下，消费者其实更容易接受内容对产品或品牌的推荐。这也是事件营销的主要优势之一。

我们曾经总结过一个爆红的公式，就是创造意外的人、物、事，加上吸引转发的内容，再加入基础的传播资源，最后强化记忆点，这才是产品或服务获得高曝光、快速爆红的系统工程。而在其中，最关键的一点就是创造意外，因为意料之外才能引起人的好奇心，有了好奇心才会关注到内容。

加拿大著名的航空公司西捷航空（WestJet）曾经策划了一次回馈老用户的活动。在圣诞节的时候，西捷航空的工作人员将一块巨大的屏幕放置在了候机大厅当中，每个旅客都可以通过扫描登机牌的方式，和屏幕中的圣诞老人进行交互。圣诞老人会笑呵呵地询问每一个站在屏幕前的客户的圣诞心愿，很多人都说明了自己的心愿，但并没有人当真，只是觉得这是一个用来消磨无聊的候机时间的简单游戏。

体验过和圣诞老人的交互之后，乘客们纷纷登上了自己的航班飞往目的地。等到飞机降落的时候，很多人都忘记了之前发生在候机大厅的一幕，但就在乘客们下了飞机等待行李转运的时候，伴随着音乐和飘飞的雪花，信号灯亮起，传送带送来的不是他们的行李，而是包装精美的礼物盒，里面装着他们向圣诞老人许下的圣诞心愿。拿到自己心仪的礼物，每个乘客脸上都洋溢着兴奋、感动的笑容。凭借这次"圣诞奇迹"事件，西捷航空成功获得了很多忠实的用户，比起大范围的广告投放，事件营销换来了更好的结果。

什么样的事件曝光能够带来良好的营销结果？一定是不断地给人惊喜、正能量和意外的事件。如果内容平平淡淡，没有任何惊喜，没有任何能量，也不会有人愿意关注。

除了制造惊喜以外，我们在提升品牌曝光度的时候，还要考虑到一个问题：很多时候，我们的活动都是在线下举办的，但其实现在大多数的流量都集中在线上，那么线下的热度该如何转到线上呢？处理这个问题最简单的方式，其实就是从设计曝光方案的时候就要考虑到线下和线上结合的可能。

英国维珍航空公司曾经在曼哈顿街头设计了一场非常有意思的快闪活动。他们把街角的一把长椅漆成了红色，并改造成了没有标志的头等舱座椅。当有人坐在这把椅子上的时候，穿着维珍航空制服的工作人员会送上香槟，为其提供飞机头等舱中能享受到的一切服务。

比如有的人想要打游戏，就会有一群演员装扮成豆子在街头跑来跑去，模拟经典的吃豆人游戏。还有的人想要看电影，就会有工作人员装扮成电影中的人物，现场表演电影中的经典桥段。通过这次快闪活动，维珍航空不仅成功地介绍了自己头等舱的特色服务，同时还制造了热门话题。

关键是，这种快闪活动有很强的传播属性，夸张的呈现方式会激发起人们社交分享的欲望。所以，当时现场有很多人都掏出手机，拍摄了视频和图片。而这些拍下的视频和图片在网络上掀起了传播的热潮，品牌的热度也因此大幅度提升。

当然，不管曝光的载体是什么，曝光的形式是什么，我们都要思考投入产出比的问题：一场活动能够吸引多少人，能够带来多少的曝光量，能够转化出多少营收。这些问题我们都要提前了然于胸。

事件营销其实就是，通过一个事件让消费者记住一个产品或者一个服务。

网红是一种能力，
但不是你最终的目标。

做曝光 如何打造爆红内容

人的曝光：做好系统工程

- 打造人设，持续输出内容
- 将"人"的流量转移到品牌和产品上

事的曝光：创造热门事件

- **事件营销：用热点事件去博取消费者的关注，从而提升品牌和产品的知名度**
- **如何通过事件曝光带来良好的营销结果**
- 制造一个不断地给人惊喜、正能量和意外的事件
- 设计曝光方案要包含线上和线下结合的情况

物的曝光：成为网红不是坏事

- 选择具备足够的吸引力的"物"进行曝光
- 保证产品的质量足够出色，在其基础上再通过各种设计实现真正出圈

设 IP：
如何培养品牌信徒

现在谈到营销，如果不提 IP 的话，会被很多人批评落伍。但实际上，又有多少人真正了解 IP 呢？在大多数人眼中，IP 就是吉祥物，就是品牌人格化的外在表现，但其实，IP 并没有想象中这么简单。

对于企业来说，IP 是让消费者知道我们，相信我们的重要介质。**看到它就能想起你，这个就是 IP**；或者原创的、持续的和被识别的，这就是 IP。比如，看到一个打扮时尚的女生从商场里面拿着一个橙色袋子走出来，你的第一反应肯定是她买了爱马仕；在"当当当当"的音乐响起的时候，你第一时间就会想到英特尔。这些具备独特记忆点的元素，其实都是企业的 IP。

那么在实际的经营中，什么才能变成 IP 呢？在我看来，只要风格足够独特，什么都可以成为 IP。

以小米为例。首先，产品是小米的第一个 IP，热销的手机、家电等产品，人们在看到的第一时间就可以联想到小米这个品牌；其次，人物是小米的第二个 IP，比如品牌的创始人雷军、联合创始人刘德等；再次，品牌的精神和宣传标语也是小米的 IP，比如提到那句广为人知的"为发烧而生"，人们也会在第一时间想到小米这个品牌。现场办公的设计、公司的名称等其实也都是小米 IP 体系当中的一部分。

所以，IP 可以做很多事情，很多事情也可以是 IP，关键要找到能够让别人想起你的那个点。在 IP 设计这件事情上，我们需要做两件事：打造自己的 IP 和 IP 之间的强强联合。

1. 打造自己的 IP

打造自己的 IP，并不是简单地从我们之前提到的那些人、事、物中随便挑选一个，然后将其定义为你的 IP。IP 是否具备价值，是要经过消费者的考量的，所以我们在打造 IP 时，不仅仅要挑选，还要顺应时代的潮流去改造和升级。

如果你现在想要把品牌的名称作为自己的IP，那么首先你就要确定现在自己的品牌名称是什么类型，以及现在什么样的品牌名称更容易得到消费者的关注和认可。

中国公司的命名方式大概经历了四个时代。

第一个时代，在20世纪五六十年代，大气、有力量的名字在市场上最为常见。比如"恒大""国安"，虽然没有太多复杂的意象和特殊的指向，但听上去就能感受到有气势，符合当时这个时代的发展趋势。

第二个时代，在20世纪七八十年代，各种洋名字开始出现。比如格林豪泰酒店，我当时一直都不知道这家酒店为什么起这样一个名字，还以为和格林童话有关，后来才知道，这是green hotel的直接音译。还有类似慕思床垫、卡米亚瓷砖等，其实也都是这样的洋名字。

第三个时代，企业命名的方式开始走向简单化、生活化，追求只要看到就能简单记忆，无须二次思考的效果。比如小米手机、苹果手机、锤子手机、三只松鼠、瓜子二手车等，都是这个时代的典型代表。瓜子跟二手车有什么关系？其实没有任何关系，但瓜子在消费者生活中随处可见，简单好记，而且能够帮助企业拿下一个域名，拿下这个商标。

现在来看，过去三个时代的命名方式都已经不再符合审美的潮流。有气势的名字和洋名字就不用说了，时间已经过去太久，消费者对于这两种类型的名称已经基本没有兴趣。即便是当下依然有很多公司在使用的简单化、生活化的名字，也因为过于频繁地出现在大众视野当中而逐渐失去新鲜感。现在的消费者更喜欢的是那些有趣、好玩的名称，也就是第四代的命名方式。

之前沈腾开的一家新公司就因为名字非常有趣而登上了热搜，这家公司的名字叫"那可是家大"影视公司。我相信看到这个名字的人脑子里都会出现一个画面，那就是沈腾老师用自己特有的幽默的声线念这家公司的名字。

包括我的一些朋友的公司，名称也非常有意思。比如，人称"小白哥"的知名品牌战略规划师叶明在深圳开设了一家咨询公司，名字叫作"想想我再告诉你"。每次人们问他公司的名字叫什么的时候，都会引起误会，以为公司还没参与注册。

我另外一个朋友开了一家公关公司，名字叫作"甲方爸爸你说的都对"。既说出了我们的心声,也表达了这个行业的准则。

这样的公司名称,自带流量,又好玩,又好记,往往能够得到很多消费者的关注和主动传播。如果企业想要将品牌名称打造成自己的 IP 的话,可以尝试从这个角度入手。

除了企业名称以外,人也是重要的 IP 之一。而将人打造成企业的 IP,同样也要从四个方向:望、闻、问、切入手。

(1)望:告诉消费者你是谁

第一个"望",指的是要明确你的个人定位——你的形象定位是什么,你的专业定位是什么,你的灵魂定位是什么?这些都是要给消费者或者观众的明确且持续的答案。

比如我,胡子、胖子和辫子基本就是我个人形象 IP 的标志特征,几乎每次出镜或上台,我都是这样的装扮。就像乔布斯永远都是牛仔裤加一身黑色的衣服,雷军永远是一条牛仔裤加运动鞋一样。固定的个人形象能够在观众的心目中逐步建立起某种刻板印象,从而使他们在看到某种形象时,就快速联想到你。

除了相对固定的形象以外，每个人也都有自己的专业特长，比如我的专业领域就是内容营销。这是经过长时间的内容输出，市场才逐渐建立起对我这个专业定位的认知。

个人形象和专业定位都属于个人IP的物理属性，而精神属性则是灵魂的定位。过去，企业家在打造自己的个人IP时，总是喜欢向高端、大气、上档次的路线靠拢。但看得多了，消费者难免审美疲劳。在这种情况下，我们不妨在设计自己的灵魂定位时，尝试去说一些别人不愿意说的，这样反而更容易出圈。

比如曾在业内被誉为"红衣大炮"的周鸿祎，凭借大胆的言论和直言不讳的性格收获了很多粉丝，也逐渐建立起个人的IP。在这一点上，我个人非常敬佩和喜欢他，因为我觉得中国像他一样敢说真话的人不多。虽然他的一些言论在很多人看来过于激进，甚至有时候有些口无遮拦，但其实这才是周鸿祎个人IP打造的成功之处。人无完人，人一旦趋近于完美就会产生距离感，周鸿祎这种不完美的人设反而拉近了和其他人的距离。

有了固定的个人形象、专业定位和灵魂定位,消费者就可以了解到你是一个怎样的人,以及你能够帮助他们解决什么问题。

(2)闻:让更多的消费者看到你

个人形象也好,专业定位也好,灵魂定位也好,个人IP中的每一个元素,都需要持续不断地出现在消费者面前,才能逐渐建立起稳定而扎实的记忆。所以,在打造个人IP的时候,一定要提升自己的曝光度,让更多的消费者看到你。

那具体应该如何才能让人天天看到你呢?这个时代其实为我们提供了很多现成的工具,比如抖音、快手、b站、小红书等。这些公众账号就是我们对外发声的渠道,可以经常发一些深度思考的内容,强化自己在用户心目中的形象。除此之外,你还可以借助接受专访、参与综艺活动、发表演讲等上台的机会,在各种大会上发表你的想法和思路。

有人或许会质疑,这样频繁的曝光会不会给用户留下爱出风头的印象?但其实换个角度思考,就可以打消这种顾虑。

我们做这些事情都是在为公司 IP 最终落地铺垫道路，只有先将自己打造成"网红"，你的公司才能从中受益。所以，你需要多出书，需要多参加活动，需要多出镜，让别人天天看到你。

（3）问：与消费者进行互动

在输出内容的同时，会有很多用户基于自身的需求，向我们提出一些专业问题。在这种时刻，我们要跟客户积极地互动，一方面，在互动中我们可以更加深入地展示自己的专业性和个人魅力；另一方面，互动也会带来更加广泛的讨论，增加内容的热度。

一般情况下，"问"的方式可以分为四种："**求医**""**问药**""**布道**""**搞笑**"。

"求医"是什么？典型代表其实就是樊登和罗振宇，他不会给你一个完全落地的解决方案，但他会把知识传达给你，你自己了解了这个知识以后，自行去判断。

而像我们这样的，属于"问药"的类型。我们要去了解客户的需求，并且帮他出具体的解决方案，甚至很多时候还要帮助客户将解决方案成功落地。

至于"布道",简单来说就是用自己的思想去影响用户。比如乔布斯、雷军,他们的思想可以影响一代甚至几代人,因此也收获了很多"信众",成为他们的忠实粉丝。

而"搞笑"就是字面意思了。风趣幽默,能够在互动中逗用户一笑,这也是企业家的个人魅力之一。当然,如果真的只会幽默,那就太"幽默"了。风趣之余,我们还是要拿出专业精神和能力,让用户信服。

(4)切:将个人IP的热度转移到企业

为什么企业老板出名之后要带货,员工出名之后要带货?道理其实很简单,个人IP的价值想要变现,最终还是要将热度转移到企业的具体业务当中。

最生活毛巾的创始人朱志军,既是我们的客户,也是我的好朋友。当初为了做出中国最好的毛巾,他尝试了很多不同的原材料,例如埃及棉、澳洲棉、巴基斯坦棉等,都没能满足他的要求。后来,他不远万里到新疆的阿瓦提,发现了品质更加出色但同时价格也是普通棉花三倍的"长绒棉",这才找到了符合要求的原材料。有了高质量的原材料,再加上规格最高的 32 支双股捻合工艺，这才有了吸水性能远超上等毛巾多倍、掉毛率接近于 0 的最生活毛巾。

由于出色的产品质量，最生活不但成为 G20 峰会的专用毛巾，还一跃成为互联网毛巾品牌的第一位。随着品牌热度的提升，创始人朱志军也被越来越多的人所熟知，并逐渐建立起了自己的个人 IP——中国最懂毛巾的"毛巾哥"。成为网红之后，朱志军也一直在坚持输出内容，通过详细地讲解与毛巾相关的一些细节的事情，成功地为产品和品牌带来了很多流量。

企业打造自己的 IP 有很多不同的角度，除了品牌名称和企业家个人以外，还有很多不同的角度，比如吉祥物、品牌 LOGO 等。但无论角度如何变化，核心的思路都是类似的，我们要吸引消费者的注意力，让他们充分理解 IP 的属性和价值，并最终作用于实际的业务。

2.IP 与 IP 的联合

当年，钟薛高和泸州老窖跨界合作，推出了一款"断片雪糕"，号称吃一根就会断片。因为之前从来没有过这样的合作案例，所以当产品推出的时候，吸引了很多年轻的消费者的关注，有的人是为了满足好奇心，而更多的人则是为了能够在社交媒体上分享这种新鲜的产品。总的来说，这次联合给钟薛高和泸州老窖都带来了很多流量，也提升了两个品牌的热度。

这其实就是我们接下来要讲的 IP 与 IP 的联合。当企业凭借自己的 IP 很难出圈的时候，联合尤其是跨界联合，不失为一种好的选择。

跨界联合有三个优势：第一，制造了新闻关注点；第二，打通了双方的粉丝群，实现了流量的共享；第三，有可能出现产品的创新。随着 IP 这个概念的兴起，我们也看到了非常多新 IP 的上市，如果说现在中国最值钱的 IP 是面向年轻人的 IP，我相信大多数人都会同意。而年轻的消费者追求什么呢？无外乎独一无二的个性或者世所罕见的新鲜感。而 IP 与 IP 的跨界联合，既满足了个性，又足够新鲜。

2021 年，我们的客户猫王收音机和著名时尚博主"黎贝卡的异想世界"合作，推出了"原子唱机B612·黎贝卡粉"的联名产品。这场中国最有意思的年轻媒体人跟中国最有意思的智能硬件厂商之间的跨界联合，吸引了很多年轻消费者的关注。联名产品首发3000台，只用了2秒钟就宣告售罄。

2022年，猫王收音机又瞄准了年轻人对于游戏的热衷，推出了王者荣耀联名款"小王子OTR音箱"。复古的外形加上清新的颜色，使这款产品从设计上就匹配了很多年轻消费者的审美。同时，随产品附赠的，还有限定版的"星空梦想鲁班公仔"，这对于游戏粉丝来说，也是一次收集周边产品的好机会。

之前有人问过我一个问题，现在中国企业打造得最好的IP是什么？在我看来，近年有两个IP已经超越了产品，变成了品牌超级IP：一个是江小白，而另一个是泡泡玛特。这两个IP不仅超越了产品，甚至已经超越了行业，成为符号。所以，很多年轻人才会觉得，酒就分为江小白和其他酒，盲盒就分为"泡泡玛特"和其他盲盒。这其实就是IP年轻化的力量，我们都知道未来年轻人会成为消费的主力，那为什么不现在就去吸引他们、影响他们呢？

总而言之，IP 的打造，就是塑造独特的记忆点，加持续的内容输出和传播，再加上品牌沉淀。所以，我觉得很多公司早期先不用那么着急地去打造自己的 IP，因为没有足够的时间沉淀，即便你打造了一个 IP，也有可能会偏离你真正的愿景和价值观。与其盲目地尝试，还不如边跑边看。

IP 的打造，就是塑造独特的记忆点，加持续的内容输出和传播，再加上品牌沉淀。

IP 可以做很多事情，
很多事情也可以是 IP。

设IP 如何培养品牌信徒

打造自己的IP
- **打造现在的消费者关注认可的品牌名**
  - 有趣的、好玩的名称
- **从四个方面将人打造成企业的IP**
  - 望：告诉消费者你是谁
  - 闻：让更多的消费者看到你
  - 问：与消费者进行互动
  - 切：将个人IP的热度转移到企业

IP与IP的联合
- **跨界联合的三个优势**
  - 第一，制造了新闻关注点
  - 第二，打通了双方的粉丝群，实现了流量的共享
  - 第三，有可能出现产品的创新

总结
IP的打造 = 塑造独特的记忆点 + 持续的内容输出和传播 + 品牌沉淀

引传播:
如何让内容自传播

如何用最低的成本、最短的时间,让营销内容最大限度地触及更多的消费者?这是现在几乎每个企业的营销部门都在思考的问题。但实际上,这个问题本身就存在一定的片面性,我们的传播对象并不应该仅仅局限于客户这个维度。

想要让内容的触达范围最大化,想要让内容营销的效果最大化,想要最终实现内容的"自传播",我们需要从六个方面入手,去引导内容的传播。

1. 对消费者的传播

消费者作为直接购买产品和服务,为企业创造利益的群体,理所应当地成为内容传播的重要对象之一。在过去信息传播不那么通达的时代，之所以会出现很多"酒香不怕巷子深"的优秀企业，在很大程度上是依赖消费者之间的口口相传。而现在，看似原始的口口相传依然是行之有效的口碑塑造方式。更重要的是，各个互联网媒体平台的飞速发展，极大地消解了传播在时间和空间上的阻碍，为内容触达消费者以及消费者的社交分享奠定了良好的基础。

当然，不是所有的内容，消费者都愿意主动传播，我们在内容设计上也要充分考虑客户的需要。产品的质量、服务的理念、独特的创新和创意等都是在面向客户传播的内容中应该重点展示的。

除此之外，我们还要关注一个关键点，那就是二次传播。什么是二次传播？就是客户在感动或者感觉内容有趣的基础上，通过分享的方式将内容发送给别人。这种自发的社交分享，一方面不会为企业的营销增添成本；另一方面，由朋友去进行推荐有更高的信任基础，企业更容易获得新的用户。

那么，我们应该如何去激活用户，实现二次传播呢？其实在解释二次传播的概念时，我们已经提出了答案，那就是要让传播的内容感动客户，或让客户感到有趣。

LG 公司曾经策划了一场营销活动，他们把一台电视安装到了窗户上，通过画面的展示，让用户误以为这是一扇真的窗户。之后，电视开始播放地球爆炸和毁灭的灾难场景，成功地让很多用户被吓到。通过这次活动，LG 不仅证明了自己的电视图像、音响效果是非常逼真的，同时也因为活动的趣味性，得到了很多用户自发的转发和分享。

消费者是一个庞大的群体，如果在内容传播的过程中，所有触达都由企业去完成，成本之高昂可想而知。相反，如果我们可以实现高效的二次传播，那么只需要一点点的初始成本，就可以实现广泛触达。

2. 对合作伙伴的传播

从业务的角度而言，无论是当下还是未来，大多数的企业都不能脱离合作伙伴而单独发展，毕竟一般的企业很难囊括整个产业上下游的所有环节。所以，企业需要和上下游的合作企业保持良好的关系，并逐步建立起稳定的利益共同体，以确保之后的正常发展。

那么，我们应该如何强化与合作伙伴之间的关系呢？其中一种有效的方法，就是将合作伙伴视为传播的对象，通过输出内容的方式，让合作伙伴们认识到加强合作的必要性。在这个过程中，针对不同类型的合作伙伴，我们需要采取不同的策略：对上游的合作伙伴，比如供应商，你要让他相信未来他要依靠你才能保证生存，并且实现更好的发展；而对下游的合作伙伴，比如分销商，你要让他相信，是你从众多同类型企业中看出了他的独到之处，并给了他一个发展的机会。

一旦实现了这种对合作伙伴的传播，你会发现，上游规定的账期会延长，对下游的掌控也会更加得心应手。而且，每个合作伙伴自身都有一定的流量，如果他们可以成为我们的"喉舌"，不仅能够为企业带来更多的关注，同时还能从侧面彰显企业品牌的影响力，强化消费者的信任。

3. 对市场的传播

过去我常说，一个营销方面的活动或会议如果没有请到我，那就说明这个活动档次不高。当然，这只是开玩笑活跃气氛的一种说法。但我们可以设想一下，如果一个计算机智能硬件方面的峰会没有邀请华为、联想、IBM、英特尔等顶尖的企业，那么这个会议的价值何在？

其实这就是"江湖地位"的问题，当行业峰会缺少某个公司就没有办法继续进行的时候，说明这家企业在行业内的影响力已经达到了巅峰。我相信所有的企业都想要成为这样的头部公司，都想要树立这样的行业地位，而实现这些目标，关键的举措之一，就是完成对市场的传播。

比如华为，很多人只关注到了它的技术水平，忽略了其在对市场传播方面的高明之处。进入移动互联网时代之后，无论是5G技术的研发，还是自主产权的手机处理芯片的开发，抑或是为汽车制造企业提供全栈智能汽车解决方案，华为的相关信息总是能够在资讯平台的科技板块占据一席之地。与此同时，华为在各大社交媒体平台上的官方账号也在不断发力，每次有新的产品或新的技术突破，都会及时更新动态。

因为有了这些公开的信息，市场和消费者才能够意识到，在很多领域，华为已经走到了前列。而伴随着越来越多的认可，华为逐渐积淀起如今的市场地位。

现在不是一个"闷声干大事"的时代，我们需要曝光度，需要流量，需要消费者的关注，所以我们不能忽视对市场的传播。

当然，对于很多中小企业来说，最大的困难并不是传播，而是没有像华为一样拥有行业头部的硬实力。这样的企业，不妨尝试一下到细分行业去。

之前我的一个同学创办了一家企业叫"雷神科技"，主要生产各种游戏装备，比如游戏笔记本、游戏鼠标、游戏浏览器等相关软、硬件产品。之所以选择游戏笔记本这个细分行业，就是因为雷神科技从一开始创业的时候就已经意识到，自己不可能成为中国笔记本电脑行业的第一名。毕竟，联想、华为、小米等互联网企业已经走在了前面。既然不能在笔记本电脑行业成为第一，那不如将自身的定位精准化，尝试去成为细分行业的第一。

其实在雷神之前，就有国外的笔记本品牌：外星人。它通过行业细分的方式，避开了激烈的竞争，成功登顶细分行业的顶峰，奠定了自己的行业地位。而雷神对标的就是外星人，如果说外星人是全世界游戏笔记本电脑行业的第一名，那雷神就要成为中国游戏笔记本电脑的第一名。

之后雷神科技的发展也验证了这种想法的正确性，不仅得到了紫辉创投、麟玺创投等国内顶级风投公司的青睐和投资，还在2022年成功地上市。

之前，我们总是习惯于成为行业"老六"，因为在很多人看来，行业"老六"不过是比行业前五名差一点，同样能够得到足够的关注。但事实上，真正能够得到消费者关注的，往往只是行业前两名。大家不妨思考一下，你能说出五个牛奶品牌吗？相信大多数人都只知道蒙牛、伊利；你能说出五个酱油品牌吗？大多数人可能只知道海天。

这就是残酷的现实，消费者注意力有限，关注到行业头部的两家公司已经非常难得。而这就意味着，从行业第六一步步发展成为行业第一的传统模式已经不再奏效。在对市场进行传播的过程中，我们的思路应该调整为从细分的小行业第一，到中行业第一，最后成为大行业的第一。

4. 对投资人的传播

融资对于企业发展的意义，相信不用我过多赘述，大家也都有一定的认知。但和少数能够得到投资人青睐的公司相比，绝大多数的企业并没有融资的经验，更不知道如何取得投资人的信任。

实际上，这件事并没有那么复杂，投资人之所以会投资你，是希望能够从这笔投资中获取丰厚的回报。说得通俗一点，就是你能为他赚到更多的收益。所以，在对投资人进行传播的时候，我们的重点要放在企业的核心竞争力上，让投资人意识到企业的强大实力。

在对投资人进行传播的过程中，还有一个需要格外注意的地方，那就是能力的展示并不是越多越好。很多平平无奇、在水平线之上但超越不多的能力，有时反而会拉低投资人对企业的印象。

5. 对人才的传播

对于企业来说，如何获取人才、留住人才、培养人才是永恒的管理课题。在对人才进行传播的过程中，你要告诉他们，这里天花板很高，有广阔的发展空间；这里可以提供良好的教育和培训，帮助他们实现个人的升级；除了个人的成长以外，还能获得丰厚的经济回报。

比如博商学院和获客学院，他们有一套完善的内部人才激励计划，在学院工作的员工，不仅能够享受丰厚的薪资待遇，而且还可以加入自己感兴趣的课程当中，通过学习不断提升自己。这就是很多年轻人愿意来到博商学院和获客学院的原因。

对人才的传播，关键是要让人才意识到，我们不仅搭建舞台，同时还会在各个方面提供支持。只有这样，全国的人才才会愿意往你这里集中。

6. 获奖信息的传播

很多时候，企业所宣传的产品的独到之处，并不容易被消费者认可。就像在一些有认知基础的行业中，即便发生一些超乎常理的事情，我们也能够去理解；但在超出了认知边界的维度内，即便是正常的现象，我们有时也很难明白。说得再直白一些，作为一名资深的营销人，我能够解释为什么一家如日中天的企业会迅速垮台，但无法解释为什么同一道菜有人做出来好吃，有人做出来难以入口。因为后者超出了我的认知范围。

回过头来，消费者不是产品经理，当然他们也没有必要成为产品经理，所以他们对于产品的某些专业优势有时并不能理解。在这种时候，我们就需要一些侧面的背书，来证明商品的优势确实存在，并值得信任。而获奖信息就是重要的一环。

比如，被称为工业设计世界三大奖项之一的"红点奖"中，很多获奖作品在大众看来是"奇形怪状"的。我们不能理解其中的美感，但这并不妨碍我们说服自己这是一个优秀作品，毕竟能够获奖一定有其独到之处。让消费者更容易接受一些超出认知的设计，这其实就是获奖信息传播的价值。

综上所述，一次完整的商业传播需要包含六个方面：对消费者的传播、对合作伙伴的传播、对市场的传播、对投资人的传播、对人才的传播以及对获奖信息的传播。针对不同需求的传播对象，我们需要关注其不同的需求，并且用不同的内容去触达，这才是一套完整的传播体系。

说到这里，很多人可能会产生疑问：如果六个传播都同时进行的话，对于中小企业来说是不是有些压力过大？实际上，我们并不需要同时进行六种传播，而是可以根据当下的需求，合理规划传播的方式。比如你现在马上要融资了，那就要首先关注对投资人的传播；如果你现在正在推广新的产品，那就要在对消费者的传播上投入更多的精力；如果你需要组建自己的合伙人体系，完成自己的供应链，那么对合作伙伴的传播应该是重中之重。

总的来说，我们需要根据企业成长的轨迹，在不同的发展阶段，以不同的形式和内容去落地。

现在不是一个"闷声干大事"的时代，我们需要曝光度，需要流量，需要消费者的关注。

传播对象并不应该仅仅局限于客户这个维度。

引传播 如何让内容自传播

第一：对消费者的传播

- 重点展示的内容：产品的质量、服务的理念、独特的创新和创意等
- 激活用户实现二次传播的方法：让传播的内容感动客户，或让客户感到有趣

第二：对合作伙伴的传播

强化与合作伙伴之间的关系的方法：将合作伙伴视为传播的对象，通过输出内容的方式，让合作伙伴们认识到加强合作的必要性

第三：对市场的传播

对市场进行传播时的思路调整建议：从细分的小行业第一，到中行业第一，最后成为大行业的第一

第四：对投资人的传播

重点要放在企业的核心竞争力上，让投资人意识到企业的强大实力

第五：对人才的传播

让人才意识到，企业不仅搭建成长的舞台，同时能在各方面提供支持

第六：获奖信息的传播

通过获奖信息等侧面背书来证明优势存在，获得消费者的信任

总结

- 一次完整的商业传播需要包含以上六个方面
- 完整的传播体系：针对不同需求的传播对象，要关注其不同的需求，用不同的内容去触达

建渠道：
如何找到本命渠道

本书在开篇曾经提到一个观点：产品的品质和产品的创新，并不算是企业长期的核心竞争力，为什么？因为你能做到，别人同样也能做到。

基于如今的科技发展水平，除了少数科技行业的头部公司之外，绝大多数的企业无法保证自己的产品能够在半年以上的周期内保持持续的科技创新。但如果降低标准，你会发现不止一家企业能够做到同样的事情。所以，对于大多数企业来说，科技创新并不是一种长期的优势。产品的品质也是同样的道理，行业顶尖的水平大多数企业难以企及，但如果退而求其次，就又成了你能完成但别人同样也能完成的事情。

那么品牌算不算是企业长期的核心竞争力呢？在过去，品牌影响力是靠长时间的口碑积累而逐渐树立起来的，品牌自然可以算作企业长期核心竞争力的一部分。但现在，所谓品牌打造，更多的其实是依靠资本的力量。假设我有100亿元，我甚至可以在1天的时间内通过全网范围内的信息轰炸，打造一个全新的品牌。

说到这里，很多人会产生疑问：什么才是我的核心优势呢？渠道，只有渠道才是理性的。**资本的力量可以在短时间内迅速创造一个新的科技突破，打造一个全新的产品，甚至炒作出一个全新的品牌，但很难建立起成熟的渠道。**每个企业都有属于自己的"本命"渠道，这个渠道不仅能够契合企业自身的独特性，还可以有效匹配目标客户群的偏好。而这种属于企业自己的独特渠道，不是短时间内可以建立起来的，需要长时间的磨合与调整。

江小白用了6年的时间，逐渐建立起220万个线下渠道，如果资本想要建起一个和江小白一模一样的渠道，至少也要用2～3年。而且，在这当中，还不包括属于江小白自己的独特渠道。

既然渠道是企业长期的核心竞争力，那为什么我们还要去提升产品、打造品牌呢？那是因为优秀的产品和出色的品牌可以让我们更容易、更低成本、更快速地占领渠道，并逐渐将其打造成属于自己的独特渠道。

至于什么样的渠道适合什么类型的企业，这个问题很难给出一个明确的答案，因为每个企业都有自身的特性，而中国市场上又存在太多不同类型的渠道。我们能做的，就是帮助大家了解不同类型渠道的特性，至于最终如何选择，还是要根据企业自身的特点因地制宜。

1. 支付互联网

所谓支付互联网，其实指的就是交易的场景，也就是企业销售产品和服务的渠道，其中主要包括五个方向：

（1）综合性电商

综合性电商的平台规模最大，用户数量最多，商品种类也最丰富，属于支付互联网渠道中的最高层。典型的代表就是当下主流的电商平台，比如淘宝、天猫、京东。

综合性电商平台所承载的是类似于货架的职能，消费者可以根据自身的实际需要,去线上平台选购合适的商品。在这个过程中,营销虽然存在,但起到的作用并不大,消费者依然比较青睐熟悉的品牌。

所以,综合性电商渠道比较适合那些有一定市场认知基础、有不错的品牌影响力、有稳定的用户群体的成熟品牌。

(2)专业导购平台

专业导购平台的用户数量虽然少于综合性电商平台,但依然十分可观;平台上的产品种类相对单一,但胜在专业。在一些特定的产品上,专业导购平台可以给消费者提供更加清晰、明确的选购指南。

比如在小红书平台上,我们可以得到美妆、护肤等产品的专业选购指导;而在得物平台上,我们能快速了解什么样的鞋子适合自己。

专业导购平台渠道比较适合那些名气不大但产品质量出众的新兴品牌,借助专业人士的背书,产品能够快速打开市场。当然,前提是选择了适合自己产品类型的专业导购平台。

（3）垂直媒体和垂直社群

相对于专业导购平台，垂直媒体和垂直社群的主要优势也在于专业性，但不同的是，后者的专业领域更加细化。垂直媒体和垂直社群通常是针对某一个人群、某一个爱好、某一个细分品类甚至某一款产品，比如好孩子、妈妈网等就是专门针对母婴类产品的垂直社群。垂直媒体和垂直社群适合什么样的企业其实一目了然，或者是在用户群体上相互契合，或者是在产品类型上恰好适配。

（4）社会化电商

社会化电商还有另外一种名称，叫作"信任电商"。它关联人和人之间的信任，借助 KOL、KOC、行业专家、网红等人的背书，强化消费者的信任，进而推动成交。这种类型渠道的典型代表也有很多，比如云集、贝店等。

社会化电商的信任属性意味着那些拥有不错的社群基础、具备扎实专业背景的企业，比较适合这类渠道。

（5）直销和分销

与之前提到的所有类型的渠道不同，直销和分销不再单独搭建平台,而是借助其他平台或社群,直接向消费者进行销售。

所以,某些品牌的失败,并不意味着微商这种渠道不适合这个市场。同样的道理,直销这种模式本身也是没有问题的,到现在为止,安利依然算得上是一个深谙人性的好项目。

直销和分销这类渠道,比较适合那些产品物美价廉的企业,一方面有广阔的销售市场,另一方面也能够有效控制中间成本,让所有人都能够从中获益的同时,保证一定的利润。

2. 内容互联网

除了销售场景以外,企业在营销的过程中,内容的传播同样也需要通过渠道,而这些渠道我们称为"内容互联网"。

相对于支付互联网,内容互联网渠道的划分就更加细化了,毕竟现在成熟的内容平台有很多,每个平台都有不同的特性。而且我们在进行内容营销时,不同的目标客群,不同的事件设计,通常也需要选择合适的平台,才能发挥最好的效果。

以微博为例，作为新浪微博的创始团队成员，我其实对现在的微博有一种很复杂的情绪。因为微博现在的传播功能已经明显减弱，在年轻群体当中，微博最大的价值不是社交，而是发现并讨论热点事件的一个场景。我们常常会看到，某个热点事件登上了微博的热搜榜，然后迅速引爆讨论的热度。从这个角度来说，微博是事件营销的最佳渠道。

当然，事件营销只是我们工作中的一部分，微博也不是我们会用到的唯一内容传播渠道。那么，对于我们来说，有哪些内容传播渠道需要格外重视呢？

（1）社交媒体平台

随着流量价格的不断增长，获客难度的持续提升，越来越多的企业认识到营销不仅是为了获取新客户，还要将自己忠实的客户沉淀下来，形成持续复购。但客户要沉淀到哪里呢？App是一个不错的选择。但对于大多数企业来说，单独设计一个App并不是一项简单的事情，即便不考虑成本的问题，呈现的效果是否尽如人意也未可知。

相比之下，社交媒体平台其实是更好的实现用户沉淀的渠道，而在众多社媒平台中，又以微信的地位最为重要。你会发现，大部分的消费者可以没有微博，可以没有抖音、快手，可以不用百度，但他一定会使用微信。那么，我们应该如何利用微信渠道实现用户沉淀呢？

在使用微信这个渠道的时候，我们一定要关注两个重要的方面，其一是建立自己的社群，将公域流量转化为私域流量；其二就是设计好公众账号的内容，引导更多的用户进入社群。虽然在很多人眼中，公众号已经是过去时的了，但事实上，你会发现在微信这个平台上，公众号依然是行之有效的引流途径。

（2）短视频平台

短视频作为当下流行的新内容形式，深受年轻的消费群体青睐，而短视频平台也顺理成章地成为企业重要的内容传播渠道之一。而且，抖音也好，与抖音联系密切的今日头条也好，在算法推荐的机制下，内容的分发有着强大的垂直定位能力，能够精准地将内容传达给企业的目标客群。这是短视频平台区别于其他渠道的独特优势。

虽然内容形式相同，但不同的平台有不同的内容分发规则。比如抖音的流量分发就比较倾向于内容质量，越优质的内容，越容易得到更多的流量；而快手的游戏规则更接近"以人为本"，人设出圈的账号往往能够得到更多的流量。很多企业在使用短视频平台进行内容传播的时候，总是习惯于将同样的内容发布在两个不同的平台上。但其实我们应该用不同类型的内容，去有针对性地进行传播。

（3）"种草"平台

"种草"虽然本质上并没有离开营销的范畴，但带有专业背景或亲身体验经历的推荐，往往让这类内容比单纯的营销内容更容易被接受。

什么值得买（以下简称值得买）是一家专业的购物指南网站，不仅有最新的各类商品的介绍和推荐，还有一些用户亲身体验过后的分享、晒图和测评。和网站的名称一样，值得买能够从中立的位置，为消费者的购物决策指明方向。而对于企业来说，值得买也是一个宣传产品、激活用户购买欲望的有效渠道。

包括我们之前提到的小红书、得物，其实也是典型的"种草"平台，可以推荐给消费者他可能需要的各种产品，从而激发其购买的意愿。这种类型的渠道，对于每天一睁眼就要面对大量同类型企业竞争压力的我们来说，是绝佳的获客平台。

（4）知识平台

从某种程度上来说，知乎、喜马拉雅等知识平台，相当于中等知识分子人群的"种草"平台。无论是知乎上的答疑解惑，还是喜马拉雅上各种不同类型的课程，都可以成为我们营销内容的载体。只不过，在知识平台上，单纯地传播品牌并没有太大的意义，我们需要将品牌隐藏在内容之后，先去讲解理论和知识点，最后再引出我们的品牌。有了之前的铺垫，我们的产品或服务也会更具说服力。

（5）自建渠道

除了现有的内容平台以外，企业有时也可以通过自己组建的方式，来打造自己的内容传播渠道。而自建渠道要传播的，其实是我们自身独特的竞争力，能够帮助客户解决什么问题，创造哪些价值。

比如，熊猫传媒其实就是我们的自建渠道，在这里，我们明确表明了自己的专业就是设计和生产适合各种不同类型渠道的内容，帮助企业进行营销。除此之外，我们还会教会客户如何生成优质的内容。我们平时发送的一些文章，包括上传的各类课程，其实就是我们工作当中的一部分。

当然，并不是所有的企业都需要自建渠道，毕竟一个独立的平台，无论是流量的基础，还是系统的完善程度，都很难与成熟的各类内容平台相比。但是，一旦你建成了自己的独立渠道，并且成功运营，那么其中的所有客户资源，都会成为你的私域流量。

（6）搜索引擎

社交媒体平台、短视频平台、"种草"平台、知识平台，这些渠道的内容传播通常都是主动的。除此之外，我们还需要一些被动的舆论传播，保证主动做出的承诺，可以得到正向的反馈。而这种被动舆论传播最佳的渠道，就是搜索引擎。

虽然搜索引擎基本不具备主动的内容推送能力，但还是有很多人会通过搜索的方式去解决自己的疑惑和问题。你可以回想一下，在生活中遇到某些问题的时候，第一反应是什么？据统计，有92%的人第一反应都是去百度一下，看看有没有解决的方案。所以，很多企业其实一直都在进行搜索引擎优化，以便能够被动地将营销内容呈现在用户面前，并通过舆论导向左右，激发消费者的购买欲望。

说到这里，相信大家已经理解了，不同的销售渠道、营销渠道，都有各自的特点，企业需要根据自己产品和客群的特征，去选择合适的渠道。

但是，选择了合适的渠道，并不意味着你的本命渠道能够发挥最大的价值。很多时候，我们需要去赋能渠道，帮助他们创造更多的价值。

大多数的消费者其实是分不清楚英特尔跟 AMD 之间的区别的，但这并不妨碍他们认为英特尔是电脑 CPU 行业中最顶尖的品牌。之所以会出现这样的认知，是因为在过去的很长时间里，英特尔进行了大量的 to C 的传播。英特尔每年会拿出上百亿美元的成本，在全世界范围内投放各种类型的广告，目的就是让大众产生一种认知：只要电脑上贴着"intel inside"的标志，那就是最好的电脑。

但实际上，熟悉行业的人应该都知道，英特尔是一家 to B 而不是 to C 的品牌，他们为什么要耗费大量的成本去对消费者进行传播呢？这样做其实有两方面的好处。

第一，品牌影响力的提升，给了英特尔更高的溢价空间。很多 to B 的企业为了获取更多的订单，会选择低价策略，用更低的价格去打动渠道商。但成本控制的结局往往是走向零和博弈，在本就捉襟见肘的利润空间下，品牌想要多赚一块钱，往往就意味着渠道商要少赚一块钱。双方之间的关系不像是合作，反而像是竞争。

而品牌溢价的方式恰好相反，有了较高的利润空间作为基础，即便企业提升采购的价格，渠道商依然有利可图。

第二，有了足够的名气，经销商的销售工作会变得简单。而如果经销商能够卖出更多的产品，英特尔自然也会收获更多的订单。同样的道理，我们之前投资了一家饮品企业，每年都要投放大量面向消费者的品牌内容，去提升企业的知名度。其目的就是让商场和超市更容易将产品销售，从而提升订单数量。

品牌影响力是渠道发挥自身能力的催化剂，所以即便是 to B 的企业，也不能忽略 to C 的传播。我们要学会赋能自己的渠道，让它们更好地进行销售和营销。

最后，还要提醒大家一点，虽然只有渠道才是理性的，但我们还是要打造品牌，还是要提升产品。因为优质的产品，出圈的品牌，可以让我们以更低成本，更简单、更快速地占领渠道，并将其打造成为自己独特的渠道。

品牌影响力是
渠道发挥自身能力的催化剂。

提醒

了解不同类型渠道的特性，根据企业自身的特点选择合适的渠道

建渠道 如何找到本命渠道

不同类型渠道的特性

- **支付互联网：销售产品和服务的渠道**
  - 综合性电商
  - 专业导购平台
  - 垂直媒体和垂直社群
  - 社会化电商
  - 直销和分销

- **内容互联网：传播内容的渠道**
  - 社交媒体平台
  - 短视频平台
  - "种草"平台
  - 知识平台
  - 自建渠道
  - 搜索引擎

总结

- 品牌影响力是渠道发挥自身能力的催化剂

- 优质的产品，出圈的品牌，可以让我们以更低成本，更简单、更快速地占领渠道，并将其打造成为自己独特的渠道

重数据：
如何验证营销效果

数据的重要性，今天的企业或多或少都已经对其有所体会。如果你是一家电商企业的负责人，那么基本上每天都要和各种交易数据打交道；假如你是一家制造业公司的老板，日常的工作中也离不开各类生产数据。

而在企业经营涉及的所有数据中，最为复杂、最难分析的就是营销方面的数据。很多企业虽然能够通过数据分析，有效指导生产、研发等方面的工作，但面对营销数据以及营销底层逻辑方面的数据，很多时候就会失去方向，不知道从哪里入手。实际上，营销数据的应用主要可以分为三个方面。

1. 定位竞争对手

营销的目的其实就是彰显商品的独特卖点,让你的品牌可以在竞争中占据一定的优势。而想要突出你自己的独特竞争力,必不可少的就是对比项,也就是你的竞争对手。但现实当中很多时候,企业对于竞争对手的定义过于宽泛,常常是以整个行业为假想敌,最终不是营销成本过高,就是效果极其有限。

事实上,**你的竞争对手是谁并不是由你自己决定的,也不是由行业决定的,而是由消费者决定的**。说得直白一些,就是消费者习惯拿你和哪些品牌作对比,哪些品牌就是你最精准的竞争对手。而了解消费者的认知,最简单直接的方式就是进行数据分析。

之前百度曾经公布了一系列有趣的数据,在国内智能手机品牌中,小米和魅族在检索中常常会被放到一起。大量的用户在平台上搜索"小米和魅族哪个更好"等类似的问题,也就是说在当时消费者的眼中,小米对标的对象是魅族。

而现在,小米的竞争对手发生了变化,随着魅族的掉队,已经很少有人会在百度上将小米和魅族相提并论，取而代之的则是vivo、OPPO、华为等后续崛起的品牌。尤其是小米和华为，在百度上搜索"小米和华为哪个质量更好"的问题，能够得到超过1亿个相关结果。换句话说，消费者的搜索数据告诉我们，现阶段小米的竞争对手已经不再是魅族，而是华为。

除了小米和华为以外，苹果和三星，vivo、OPPO和HTC也是常常被放在一起进行对比的竞争对手。通过这些公开的数据，我们可以清晰地判断哪些品牌之间存在直接的竞争关系。

精准定位了竞争对手，我们的营销方案也可以有针对性地进行设计，有效地向消费者展示自己独有的优势。

2. 明确用户画像

在移动互联网时代，数据的来源非常广泛，即使只是一次简单的搜索，背后也能体现出大量的信息。而这些信息汇总在一起，最终会形成一张明确的用户画像，帮助我们更加清晰地了解目标客群的需求和痛点。

还是以小米为例,每次有新机型推出的时候,小米以及旗下红米品牌的手机销量都会出现阶段性的增长。是什么驱使消费者放弃之前的老款手机,选择新的机型的呢?答案就是,在新款机型的更新迭代中,有消费者格外关注的因素。

而通过新款产品和竞争对手同阶段产品的对比,以及新款产品和原有产品的对比,不难发现,小米的新产品的突破主要集中在两个方面:第一是性能更强,小米的新款产品通常都会使用高通或联发科最新的芯片,能够为用户提供更好的体验。第二是硬件更好,比如更高的屏幕素质、更高的像素等。

在其他环节提升不大的基础上,这两个大幅度提升的环节,必然是吸引客户的关键因素。数据分析的结果说明,现在的消费者,对于手机的性能和硬件素质的需求正在提升。所以,在接下来的产品研发中,企业依然可以从这两个方面入手,进行提升。

用户画像越精准,越能帮助企业做出准确的营销设计,降本增效。而精准的用户画像则需要大量数据的支撑。

3. 验证营销结果

数据虽然不会说谎，但主观的分析却有可能失误。所以，即便是在数据分析的基础上做出的营销设计，最终还是要通过实践结果来验证营销的效果。当然，验证营销结果不是最终的目的，我们真正要做的，是根据实际与预期的数据对比，发现问题、解决问题，调整营销方案。

当你的营销计划实施了一段时间之后，你发现华南地区的效果相对突出，不仅搜索量极高，销售的数据也比较突出。这就说明，这套营销方案在华南地区是奏效的，可以继续沿着这条路走下去。

还是同样的营销计划，在华中地区实施后，你发现虽然搜索量得到了有效提升，但消费转化率却没有达到预期的水平。这个数据说明消费转化的闭环没有被打通，所以接下来我们需要投放更多的提升转化率的广告，而不是告知的广告。

而东北地区的数据显示，无论是搜索量还是转化率都没有得到有效的提升，在这种情况下，我们首先要提升搜索量。在具体营销的设计方面，我们可以投放一些公交站牌广告、地铁广告等，强化品牌知名度，打开市场。

通过营销结果数据的验证，我们可以知道一件事情，那就是下一步市场部的工作要做什么。当然，除了营销数据以外，很多公开的用户信息也是我们需要验证的对象，从这些数据中，我们可以分析出用户的需求和偏好。

企业过去在选择代言人的时候，往往是根据老板的个人喜好，老板认为谁合适就选择谁。但实际上，很多时候老板并不是公司产品的核心用户群体，所以他们选择的代言人往往也无法得到目标客群的认可。之后，企业开始和公关公司进行合作，由他们从专业的角度提供参考建议。虽然公关公司有更强的专业性，但在实际的操作中，为了获取更多的利益，他们往往会选择那些性价比更高的公众人物，然后想方设法说服企业相信这个人是最合适的人选。而最终，企业的营销效果可能也会因为代言人的影响力有限而大打折扣。

进入互联网时代之后，借助数据的力量，其实我们自己就可以精准地定位最适合自己的代言人是谁。我们只需要收集一些公开的用户数据，比如目标用户群体在微博上关注了谁、在抖音上关注了谁、在百度上搜索过谁、在视频平台上喜欢看谁，有了这些数据的佐证，我们就可以轻松地选出合适的代言人。

在这里，我们只是介绍了一些营销数据和用户数据的简单应用，并没有系统地讲解数据分析的过程。之所以这样做，是因为数据分析本身就是非常复杂的工作，既涉及专业的知识和技能，还需要大量的经验积累，不是简单讲解就能掌握的方法。

但即便如此，我相信大家也已经能够意识到数据对于企业未来发展的重要价值。毫不夸张地讲，**未来的营销是数据驱动的营销**。以后我们将会面临一个残酷的现实，内容创作者在企业的市场和营销部门的位置会逐渐偏向于后台，而拥有数据化思维、擅长搭建框架、善于分析数据的人才会越来越关键。所以，企业的经营者现在就要开始为未来的发展物色一些具备数据化思维的人才。

讲到这里，我们已将过去总结的熊猫罗盘的企业营销方法论，向大家进行了系统的讲解。虽然受限于篇幅，很多具体的环节没有展开细化说明，但我们本身就是"授人以渔"而不是"授人以鱼"，相信其中的一些理论和经验，也会对企业的经营产生一定的推动作用。

  市场在发展，时代在进步。我们要为自己的产品做好准备，要为自己的营销做好准备，要为自己的内容做好准备，不要等到未来真正到来的时候，才想如何应对。

  之前，我在虹桥机场看到了一个巨大的广告牌，广告牌的右下角写了非常小的八个字："爱这时代，星辰大海"。这八个字让我非常有感触，我们要感谢这个时代，因为这个时代给了我们这样的普通人一个机会，给了我们这些普通的创业者一个机会。中华上下五千年，对于我们这些真正踏踏实实干事的人来说，这可能是最好的时代。

  "你这一辈子有没有为谁拼过命"，这是一句在抖音上非常火爆的电影台词。现在 2023 年，已经真正到了我们应该去拼一次命的时候了。无论是为了自己的小家，还是为了我们这个国家，我们都应该去拼出一条新的发展道路，到新商业、新思维、新营销中去寻找未来的方向。

你的竞争对手是谁并不是由你自己决定的，也不是由行业决定的，而是由消费者决定的。

未来的营销是
数据驱动的营销。

重数据 如何验证营销效果

第一：定位竞争对手
- 消费者决定了你的竞争对手
- 通过数据分析，了解消费者的认知
- 精准定位竞争对手，针对性地设计营销方案，展示自己独有的优势

第二：明确用户画像
- 明确的用户画像，有助于清晰地了解目标客群的需求和痛点
- 用户画像越精准，越能帮助企业做出准确的营销设计，降本增效

第三：验证营销结果
- 目的：根据实际与预期的数据对比，发现问题、解决问题，调整营销方案
- 未来的营销是数据驱动的营销

网红是一种能力,
但不是你最终的目标。
它就像是一座桥,
可以帮助你的品牌实现长久的盈利。

2 品牌运营策略

创业认知篇：
如何选择适合你的行业和品类？

中国的市场上从来都不缺创业者，每年都会有很多年轻人选择自主创业，但问题是创业成功的比例始终不高。甚至，很多快速成长为"独角兽"的创业公司，即便有巨额的融资支持，也难逃中途夭折的宿命。

为什么那么多人会创业失败呢？伏笔其实从创业者选择行业的时候就已经埋下了。国内大多数的创业者既缺少经营和管理的经验，又没有丰厚的资金储备，所以通常都会选择那些准入门槛低、经营管理相对简单的行业，作为创业的第一步。

这种看似合理的选择其实本身就存在很大的隐患，准入门槛低意味着不仅你一个人选择这个行业，还会有大量其他创业者涌入。原本可能已经非常拥挤的行业，在挤进了大量创业者之后,生存的空间会进一步紧缩。

在这方面,最典型的案例其实就是餐饮企业和社区超市。比如我就常常会发现,平时偶尔会光顾的公司周边的小饭馆和超市,不知道什么时候就突然关门,贴上了转租启事。和同事聊起这个事情的时候,才得知原来那个超市早已经倒闭了,现在关门的是后来接手的商家。一家门店,两家企业,在不到一年的时间内全部倒闭。虽然只是一个小范围事件,但也足以说明创业的艰难。

很多人认为创业是从创立公司开始,但其实从你选择行业和品类的时候,创业就已经开始了。人们常说"好的开始是成功的一半",但在创业这件事情上,选择合适的行业和品类,甚至可以是成功的99%。进入合适的行业,选择合适的品类,可以让你的创业公司成功避开激烈的竞争,尽快确定自身的核心竞争力,从而快速在市场上站稳脚跟。关键的问题是:我们应该如何选择合适的行业和品类呢?

1. 选择安全的大品类

对于创业者来说，最理想的创业状态应该是什么样的？历史经验告诉我们，发现一个潜在的风口，进入一个别人从未涉足的领域，更容易快速发展并占领市场，从而获取红利。阿里巴巴、美团等行业先行者的成功就是最好的例证。

但是从目前的国内市场来看，我们正处在一个旧红利消失殆尽、新红利动向不明的阶段，想要找一个13亿人都没有发现的蓝海如同天方夜谭。甚至在大品类的方向上面，该做的已经都有人做了，我们也无法再进行创新。**既然无法另辟捷径，那为了确保能够成功到达目的地，我们至少要选择足够安全的阳关大道。**也就是说，在大品类的选择上，我们要尽量选择那些安全性高的品类。

那么，我们又应该如何衡量品类的安全性呢？首先，品类之下需要有足够大的消费市场，这样哪怕你只是占据了很小份额的市场，也能获取足够多的收益；其次，消费者对于该品类商品的需求相对稳定，不容易受到其他因素的影响而降低。

比如消费品品类就是极佳的选择，既有广阔的市场，又有稳定的需求。哪怕个人收入降低，你会降低去餐厅的次数，但绝对不会减少购买食品和饮品等生活必需品。

2. 选择无须二次市场教育的细分品类

在安全性高的大品类的前提下，创业者还需要进一步细化自己的所属品类。在之前的内容中就曾经提到，相比大而全的经营模式，针对某些特定需求的小而美的品牌，更能够体现企业的独特性，更容易出圈走红。

当然，不是所有的细分品类都适合创业公司，从我们过往的经验来说，最好的选择是那些不用被二次教育的品类。

作为中国传统的饮品之一，茶饮一直有着广阔的消费市场。而在茶饮这个大品类下，也有不少细分品类的产品适合初创企业，比如红糖姜茶。

红糖姜茶并不是一个新兴的产品，很多人都对这类具有驱寒活血功效的产品有着基础的认知。尤其是作为目标客群的年轻女性消费者，不但对产品有足够明确的认知，部分消费者甚至还有持续购买的习惯。

由于基础的市场认知已经完成,所以红糖姜茶这一品类下的新品牌省去了不少麻烦,起步阶段的发展也会比较轻松。根据天猫发布的红糖姜茶类目增长数据显示,很多新品牌拥有广阔的发展空间。比如其中有一个品牌叫"十四行诗",品牌定位非常明显,典型的新消费品牌,针对的也是18~25岁的年轻女性,以学生群体为主。在包装设计方面,十四行诗主打"以爱之名",以清新诗意的风格得到了不少年轻用户的青睐。

市场教育需要耗费的成本,不是一家创业公司可以承担得起的。比起烧钱去做一些不知道结果的事情,还不如在安全的大品类下,选择一些不需要二次教育的细分品类,作为自己的创业方向。

3. 整合身边的资源

现实当中,大多数人创业的第一目的就是赚钱,所以在选择创业项目的时候,基本也是什么最容易盈利就去做什么。但实际上,虽然创业项目本身有盈利的前景,但创业者的资源和能力未必能够支撑这个项目的正常运营。创业就像鞋子一样，价格高、人气旺的未必穿着舒服，最合适自己的才能走得更远。

2022年，我们熊猫传媒孵化了一个创业项目，是一个饮料品牌，名字叫作"果然"。之所以会选择这样一个品类，一方面是我们发现中国缺少一款能够属于年轻人的火锅标配饮料，这个细分市场正在等待开发；另一方面则是因为在过去的工作中，我们和很多知名的火锅品牌建立了良好的合作关系，这些资源能够为果然品牌后续的发展，提供便利的条件。

人只有在自己最擅长的领域，才能发挥最大的价值，创业也是如此。你的资源和能力，注定了要往哪个方向去发展，不要舍近求远，误入歧途。

4. 不要违背大众的认知

法国社会心理学家古斯塔夫·勒庞在《乌合之众：大众

心理研究》一书中曾经写道:"当个人是一个孤立的个体时,他有着自己鲜明的个性化特征,而当这个人融入了群体后,他的所有个性都会被这个群体所淹没,他的思想立刻就会被群体的思想所取代。"当人们产生某种共同的认知之后,哪怕这种认知并不正确,也很难被纠正了。

山西本地有一家知名的乳制品企业,叫作"古城乳业"。古城乳业成立于1997年,比国内乳制品行业的巨头蒙牛还要早,但发展至今,它依然只是在山西本土有一定的影响力。之所以会出现这样的情况,和广大消费者的认知有很大的关系。

在大多数人的认知中,山西是没有草原的。但现实并非如此,山西不仅有草原,而且牧草的质量还非常高,非常适合畜牧业的发展。很多学者认为,"天苍苍野茫茫,风吹草低见牛羊"这句话说的就是山西的朔州。因为我们不认为山西有高质量的草原,所以我们同样也不会认可来自山西的乳制品企业。

相反,提到内蒙古,大部分人都会联想到草原和成群的牛羊,所以蒙牛、伊利等成立于内蒙古的奶制品企业,顺应了大众的认知，得到了市场的认可。

所以，创业者不要轻易尝试与老百姓的基础认知进行对抗，即便他们的认知存在偏差，你也要想方设法地去顺应，而不是重新进行市场教育，扭转大众的认知。要知道，即便是掌握真理的少数人，在和公众认知的对抗中，也不会得到好结果。

我想到了一个创业者的故事，这个人叫高福德，出生于黑龙江鹤岗市。年轻的时候高福德曾经在一家餐馆打工，但后来餐馆经营不善倒闭了，高福德也因此失业赋闲在家，思考良久之后，他决定创业。

拿着从父母手中借到的 3000 元钱，高福德在鹤岗开了一家小餐馆。在经营餐馆的过程中，高福德进行了很多尝试，东北菜、海鲜酒楼、会所、火锅店等业态都有过涉猎，虽然有所成就但始终无法更进一步。

后来在 2000 年的时候，高福德嗅到了一个非常重要的商机，他想把广东的煲汤引入东北，通过标准化的流程，复制到全国范围内的餐饮业中。为此他煞费苦心托了很多的关系，找到了广东一位泰斗级别的老师傅，想要学习煲汤技术。

老师傅问高福德："为什么要来找我学习？"

高福德回答说："因为全国煲汤最有名的就是广东，而广东煲汤最有名的就是您，所以我要跟您来学习。"

老师傅接着又问了一句话，说："既然你也认为全国煲汤最好的是广东，你觉得中国人是更想喝广东人煲的汤，还是想喝东北人煲的汤？"

大师果然是大师，一句话让高福德思索良久，并最终做出了一个决定：东北人就应该做东北人最擅长的事情。于是他放弃了原来的想法，开始深耕东北大馅饺子这个品类，并成立了一个品牌，那就是今天水饺品类的一哥——喜家德。

孟子曾经说过："天时不如地利，地利不如人和。"再好的创业项目，如果不被大众认可，就算进入市场，也很难创造奇迹。所以，我们要顺应民意，按照符合大众基础认知的方向，去规划自己的创业项目。

5. 顺应市场发展的趋势

虽然目前品类当中已经没有太多创新的余地，但市场始终在向前发展，业态的升级也在继续，其中依然存在不少商机，可以成为我们的创业项目，尤其是九五后消费群体崛起，品牌意识不断增强，消费升级成为必然趋势之后。如果创业者能够将某些传统的业态成功升级，并打造自己的独立品牌，那么等同于引领了消费升级的潮流，可以吸引很多年轻消费者。

以餐饮行业为例，虽然随着数字化供应链等连锁理念的升级和完善，中国餐饮的连锁化进程不断加快，但中国还有大量的街头美食没有被开发。而且，很多以夫妻店形式存在的"小车店"现在都被升级所拖累，他们都存在这方面的需求。毕竟，无论是集采优势、食品安全，还是视觉形象、用户体验、消费场景，街边美食都需要一个巨大的升级来填补传统小吃和现在消费者需求之间的鸿沟。

在这种情况下，西少爷创始人袁泽陆提出了一个"小吃的消费升级"的观点，他认为很多没有品类、没有品牌的街头美食都值得被消费升级再重做一次。于是，夸父炸串品牌应运而生。

夸父炸串于2019年在北京成立，是第一家将街头的炸串小吃品牌化的公司，也是第一个将炸串带入一线商场的品牌。凭借自选式的用户体验以及供应链加品牌营销加数字化的复合基因，夸父炸串用了两年的时间，成功地在全国开设了1000多家门店，成为炸串品类中的领先品牌。

2022年，夸父炸串提出一个计划，三年内在中国开5000家店，五年突破1万家店。很多人觉得这个目标有些不切实际，但实际并不是这样。在消费升级的市场趋势下，中国的小吃市场正在经历急剧的连锁化，很多以前在门口摆摊的小店，未来都会进行一轮翻牌和更新。包括我们合作的企业正新鸡排，作为街头美食业态升级的先行者，在全国已经拥有超过27000家门店。而夸父炸串这种拥有国潮设计风格和优秀产品力，能够在各大商业综合体中成为排队王的品类冠军，也有同样的发展潜力。

当下，消费升级的不仅仅是餐饮行业，很多其他领域的消费升级也正在进行时。品类虽然还是原来的品类，但市场需要一种更加高级的业态来满足消费者逐渐升级的需求。在这个过程中，会有很多新的商机涌现，关键就在于创业者能否敏锐感知，并快速捕捉。

很多人认为
创业是从创立公司开始，
但其实从你选择行业和
品类的时候，
创业就已经开始了。

创业认知篇
如何选择适合你的行业和品类

1. 选择安全的大品类

如何衡量品类的安全性
- 消费市场足够大，才能获得足够多的收益
- 稳定的购买需求，不容易受其他因素的影响而降低

2. 选择无须二次市场教育的细分品类

在安全的大品类下，选择无需二次教育的细分品类，作为创业方向

3. 整合身边的资源

你的资源和能力，注定了要往哪个方向发展

4. 不要违背大众的认知

顺应民意，规划创业项目符合大众的认知

5. 顺应市场发展的趋势

敏锐感知并快速捕捉新的商机

行业热点篇：
如何分析行业热点，及时布局？

就像制造业工厂之于 20 世纪八九十年代，互联网产业之于 21 世纪初期，在不同的时代，总会有一些热门的产业，能够吸引很多消费者的目光，甚至引领一个时代的发展。那么，在当下，有哪些行业热点值得我们关注呢？

1. 新能源汽车

虽然现在很多人对于新能源汽车依然保持着观望的态度，但从市场发展的形势来看，它已经成为不折不扣的行业热点。其实只要留心的话，你就会发现身边的各种形式的广告中，已经开始出现很多不同的新能源汽车品牌，有些甚至你从来都没有听说过。

为什么有这么多企业都在布局新能源汽车产业？因为汽车是未来除了手机以外，另外一个人和人之间进行交互的重要工具，其他的传统媒体，譬如报刊、书籍、电视等都将退出历史舞台。这就是我们现在所面临的机会，没有理由不去把握。

而之所以是新能源汽车而不是传统的燃油车，是因为融资的问题。如果你开设一家新的燃油车品牌，你将面对的是无数的外国厂商和中国厂商的围堵，更不会有投资人或投资机构看好你这样的初创企业。但新能源汽车不同，最起码从现阶段来看，新能源相对来说还是一个小小的"蓝海"。

而且，一方面为了实现"双碳"目标，国家对于新能源汽车产业的发展一直是支持和鼓励的态度，也出台了一系列的扶持政策，帮助新能源企业快速发展。另一方面，新能源汽车的相关技术一直在更新迭代，比如高性能电池、辅助驾驶等。随着科技的发展，新能源汽车可能还会发展出更加高级的形态。

2023年2月，百度旗下的小马智行在北京经开区投放了20辆无人驾驶车辆，进行上路测试。同时，北京市高级别自动驾驶示范区工作办公室也同步发布了消息，称预计2023年上半年实现"整车无人"载客商业化试点。

其实在此之前，百度自研的无人驾驶机器人也已经进入了实测阶段。和常规意义上的车辆不同，无人驾驶机器人内部没有设置方向盘，车辆的行驶全部依靠人工智能。

节能减排已经成为全社会的共识，政策的扶持还在继续，技术也在不断进步，所以从整体趋势来看，未来新能源汽车取代燃油车是必然的结果。再加上国家对于新能源汽车的牌照限制也在不断放宽，大量企业涌入新能源产业也不难理解。

目前，抛开传统汽车制造企业的新能源系列产品，还有蔚来、理想、小鹏等互联网车企，以及小米、恒大等从其他行业跨界而来的企业。所以可以预见，未来中国会出现大量的新能源汽车。但在更远的未来，这种百花齐放的局面很难一直持续下去，"几家欢喜几家愁"将成为必然的结局。

同样的现象在多年前的手机行业中也曾经上演过。开始的时候，只有具备一定资质的企业才能注册成为手机制造厂商，但随着需求的不断增加，准入门槛也在逐渐降低。随之而来的就是一场全民造手机的热潮,不仅很多通信相关企业开始追逐这一风口,原本很多和手机行业并没有太大关联的企业也纷纷入局,一时间鱼龙混杂,市场上的产品也良莠不齐。从今天来看,虽然确实有一些知名品牌是从当初那个阶段杀出重围的,但更多的品牌还是走向了消亡的结局。

为什么明知最终的结果未必是好的,但大家依然选择纷纷入局呢?因为入局者都抱着一种想法,万一最终"剩者为王"的品牌中有我的一席之地呢?

2. 小龙虾餐饮

民以食为天,尤其是在中国这样一个美食大国,无论在任何时代,餐饮行业都有相当可观的消费体量。但是,在过去的一段时间里,餐饮行业的发展并不顺利,在消费升级的整体趋势下,没有办法为顾客提供更好的体验的门店,逐渐失去了竞争力。而其中,不乏一些过去的知名品牌甚至百年老店。

在传统餐饮寻求破局之路的同时,很多新兴的餐饮业态已经开始蓬勃发展,它们凭借极致的单品,迅速在细分品类中打响了自己的名号。最典型的代表也是现在餐饮行业中最火热的细分品类,就是小龙虾。

自从知道这种来自美洲的外来物种可以食用之后,在极短的时间内我们就把小龙虾从野外泛滥,吃到了需要人工养殖的程度。据不完全统计,中国小龙虾餐饮市场的份额已经高达百亿,这是很多高科技产业都无法企及的。为什么消费者如此青睐小龙虾?

以我朋友的餐厅为例进行说明。她在北京小龙虾餐饮的"圣地"簋街,开了一家名为胡大龙虾的餐厅。现在已经是北京最大的小龙虾餐饮品牌之一,素有"北京小龙虾,簋街找胡大"的美称。从胡大龙虾快速发展的经历中,我们分析出三点小龙虾餐饮能够快速发展的原因。

第一,非常底层的原因是小龙虾的口味是非常多样的,同时也是相对比较重的口味,而且每一种口味都有明确的指向。很多菜系中的一些菜品,你很难说出它的特点,从名字也很难判断大概是什么样的口味,比如蚂蚁上树。但是小龙虾不会,十三香、麻辣、蒜蓉、蛋黄味等,从菜单上就能明确地了解它的味道。即使是不同口味偏好的人共同聚餐，小龙虾也可以满足每个人的个性化需求。不像主打单一菜系的餐厅，总是有一些人的口味没有办法被照顾到。

第二，吃小龙虾的仪式感很强。从一大盘龙虾上桌，到用手费劲地去剥开，最后把一小块美味的虾肉放进嘴里，整个过程充满了仪式感。我们可以设想一下，如果放弃剥壳的这个过程，直接把剥好的虾肉放进碗里，送到顾客的餐桌上，会是什么样的体验？且不论剥虾所需的人工成本，在价值的感受上也会存在较大的差异。当一大盘的小龙虾放在你面前的时候，你不会觉得几百元的价格不够合理；但如果是一碗小龙虾肉放在你面前，你反而会觉得几百元的价格有些过高。而且，少了自己剥虾的过程，吃到嘴里的成就感也会降低，反而不如直接把一大盘龙虾摆在桌面上。

第三，小龙虾有明显的社交功能。不知道大家有没有发现，很多时候我们在吃饭的同时，总是会动不动就把手机拿起来看看，一起吃饭的人之间的交流也会因此被打断。而吃小龙虾的时候就不会有这样的问题，因为大多数人都是戴着一次性手套去剥虾的，如果要拿手机的话，就需要先把手套摘下来。很多人觉得麻烦，所以没有特别重要的事情，一般都会等到吃完龙虾，摘下手套之后才会去拿手机。所以，我经常和企业的一些负责人谈到，如果是邀请投资人就餐的话，一定要选择小龙虾，只要戴上手套，他就不会再碰手机了。

小龙虾的口味多样、体验感强，还可以成为社交工具，这么多年轻人爱吃小龙虾跟这三个元素是息息相关的。

当然，每个人都有自己的喜好，也有很多不喜欢小龙虾的消费者。比如我个人就比较喜欢烧烤。很多朋友都知道，如果要请我吃饭的话，一定要吃烧烤。虽然我钟情于烧烤，但也不得不承认，和小龙虾相比，烧烤类餐饮在成为行业热之前，还有很长的路要走。

中国烧烤品类背后有3000多亿的消费体量，但迄今为止依然没有成长出一家上市公司。即便是全国连锁店最多的木屋烧烤，距离我们认知当中的全国性的巨头企业，依然有一定的距离。为什么烧烤品类下没有诞生全国性的品牌呢？我觉得有三个重要原因。

第一，大多数烧烤品牌对于连锁化并没有深刻的认知，缺少一以贯之的品牌调性、专业的品牌背书，以及供应链的支持；第二，烧烤品类准入门槛太低，同质化竞争相对激烈；

第三，也是最重要的一点，就是烧烤品类很难实现标准化。

我还记得之前烧烤品类中，曾经有一家巨头企业已经走到了准备上市的阶段，但最终也未能实现。因为投资人觉得这家企业的成功经验很难复制，产品的质量主要取决于烧烤师傅，而培养一名优秀的烧烤师傅，和招聘一名店长不同，不是一件简单的事情。

这家企业也曾经尝试通过技术的手段去实现标准化，他们耗费了几百万元的成本，研发了一个电子自动烤炉。顾客只需要将半成品食材放到烤炉上，烤炉就可以自动运转。这种设计看起来虽然合理，但实际上——我曾经去尝试过——不仅口味大打折扣，而且等待的时间也会延长，影响消费体验。

那么，烧烤品类在今天是没有出头之日了吗？当然不是，现在失去机会的是传统的大而全的烧烤门店，单品战略的企业还是有一定的发展空间的。比如我们之前提到的望京小腰，已经成为北京烧烤的代名词之一；包括九村烤脑花、阿木提羊肉串也在各自的细分品类中，凭借极致的单品赢得了很多客户的喜爱。虽然烧烤品类下很难成长出全国性的品牌,但如果是出现类似望京小腰这样的中等规模的品牌,我相信还是有很多机会的。

3. 年轻人的酒

餐、饮不分家,有吃必然有喝。所以,说完了食物,我们再来探讨一下饮品行业中的热点。

如果问餐桌上什么样的菜最常见,相信每个人的回答都会有所不同;但如果问餐桌上什么类型的饮品出镜率最高,大多数人的回答应该都是"酒"。无酒不成席,无论是聚餐,还是庆祝,抑或是请客,没有酒的衬托,总会让人感觉这桌宴席诚意不足。

那现在什么类型的酒最受欢迎呢?是白酒还是红酒呢?其实都不是,因为身为消费主力的年轻人不喜欢。之前我问身边的一个年轻朋友爱不爱喝红酒,他回答说不爱喝,觉得有一股难以言说的酸味。对于很多喜欢红酒的人来说,这种酸味虽然不好喝,但代表一种韵味、一种格调。可是年轻人并不愿意为所谓的格调去伪装自己,不好喝就是不好喝。很多人不理解年轻人对于白酒和红酒的看法，就像年轻人也没有办法理解为什么他们能够接受白酒的辣和红酒的酸。但是从市场的角度来说，年轻人已经成为消费的主力军，只有他们喜欢的才有可能成为行业的热点。那么，年轻人喜欢什么样的酒？

江小白旗下有一款用梅子作为主要原料的果酒品牌梅见，就非常受年轻人的欢迎，李佳琦一次直播就卖出了约20万瓶。

除了梅子酒以外，其他类型的花果酒、茶果酒、米酒、苏打酒等，也是很多年轻人的新宠。各种各样面向年轻人的酒，开始充斥着我们身边的各级市场。仔细研究，你会发现，这些产品都有三个共同点：第一，颜值出色；第二，度数较低；第三，口味优秀。

年轻人喝酒，喝的其实并不是酒，而是社交。我们没有时间去深交朋友，有时一场大酒就是最高效的媒介。如果不喝酒，你要多少次沟通和交流，才能说得出那些你平常不敢说的话？所以酒是社交的刚需，至于它的口味是酸还是辣，这些事情其实并不重要，重要的是最终的结果。当然，在这个基础上，如果酒本身的口味也非常优秀，我相信也没有人会拒绝这种锦上添花的事情。

对于年轻人来说，酒还可以是生活方式，是寂寞，是青春，是情怀，唯独不是酒。没有那么多额外的寄托，酒只是一个饮品，好喝就足够了。老同志们不会放弃茅台、五粮液、泸州老窖，但这些品牌的辉煌很多已经留在了过去。现在是年轻人的时代，未来年轻的酒也会成为市场的主流。

4. 品类进一步细分的茶饮

在饮品行业当中，除了餐桌上常见的酒以外，另一个热点就是生活中常见的各类茶饮。其实茶饮品类中已经成长起一批知名的品牌，尤其是奶茶品类之下，蜜雪冰城、奈雪的茶、茶颜悦色等品牌已经把门店开到了全国各地。

但与此同时，各大奶茶品牌之间的竞争也在逐渐加剧，而且随着消费者对于健康的忠实程度不断提升，奶茶产品的受欢迎程度也在持续降低。到 2023 年，我在机场、车站周边，路过一些奶茶门店的时候，能够明显地感觉到已经很少有人在排队了。

咖啡品类的热度被奶茶品类所取代，那奶茶的热度过去后，又有谁来接班呢？答案是品类更加细分的茶饮。

之前，在录制《创业中国人》节目的时候，我们遇到了有史以来最年轻的一位创业者，她开创了一个品牌叫作"柠季"，主打产品是暴打柠檬茶。顾名思义，就是将香水柠檬放到制作饮品的容器中，然后通过捶打将汁液榨出，最后添加茶水制作成果茶。凭借这种特色单品，柠季不仅获得了字节跳动的融资，而且现在已经在全国范围内布局了将近500家店。

很多人或许不理解为什么字节跳动会投资这样一家企业，但趋势就是如此。现在越来越多的产品开始脱离奶茶品类，形成了自己独立的更加细分的品类，比如鲜果茶、烧仙草等。未来，这种趋势还会进一步发展，甚至有一天绿豆汤也会成为一个单独的细分品类。

其实品类细化并不是饮品行业的专利。制造业从汽车制造向新能源汽车制造的细分，餐饮行业从大而全向小而美的过渡，其实都是如此。我们经常说，在红海里面该如何去寻找蓝海？最简单的方法，其实就是品类的细化，说得具体一些就是深化、分化和具化。"柠季"其实就是找到了一个分化的路径，在整个奶茶行业里边挑出一个精致单品，然后把它纵向引爆，塑造成了自己的独特竞争力。

总而言之，虽然我们只是剖析了几个行业，但趋势的方向是共通的。我们要学会举一反三，从趋势出发，去分析其他行业可能存在的热点，并及时进行布局。

年轻人已经成为消费的主力军，只有他们喜欢的才有可能成为行业的热点。

要学会举一反三，
从趋势出发，
去分析其他行业可能存在的热点，
并及时进行布局。

行业热点篇
如何分析行业热点，及时布局

1. 新能源汽车
- 一方面，为了实现"双碳"目标
- 另一方面，新能源汽车的相关技术一直在更新迭代

2. 小龙虾餐饮
- 小龙虾：近期餐饮行业中火热的细分品类
- 单品战略的企业还有一定的发展空间

3. 年轻人的酒

消费的主力军年轻人喜欢的才有可能成为行业热点

4. 品类进一步细分的茶饮

品类更加细分的茶饮是趋势

总结

从趋势出发，分析其他行业可能存在的热点，及时进行布局

机遇赋能篇：
企业如何抓住新机遇？

很多企业，终其一生都在寻找所谓的机遇，然后在碌碌无为中走向衰亡，留下的遗言中都是对生不逢时的感慨。但其实，**机遇无处不在，只是我们少了一双发现的眼睛。**

在之前的内容中，我们不止一次提到，现在和未来消费市场的主力都是年轻的消费群体。很多市场机遇，其实就隐藏在年轻消费者的需求之中，不幸的是，我们通常只关注到了需求的表面，但忽略了背后的底层逻辑。所以在这里，我们不妨深刻剖析一下年轻消费者的需求当中都存在哪些值得关注的商机。

1. 重新思考年轻人对于便捷的看法

在讲解具体的内容之前，我先和大家分享一个真实的故事。我的一个朋友，他儿子平时非常喜欢吃西瓜，每次我朋友回到家都会看到一些果切外卖的包装盒和包装袋。因为觉得外卖的产品质量一般，而且价格又不便宜，所以我朋友干脆买了两个西瓜放在冰箱里，并告诉他儿子想吃的时候就自己去切。

后来我朋友去外地出差了一个月，回来的时候还在想之前买的西瓜肯定吃完了，于是他又买了两个西瓜。结果回到家一打开冰箱，他就发现一个月前买的西瓜依然完好无损地摆在那里。再低头扫了一眼厨房的垃圾桶，不出所料，又被果切外卖的包装堆满了。

发现这个情况之后，我朋友非常疑惑，为什么冰箱里有西瓜，儿子依然还是选择果切外卖呢？为此，他还特意找到儿子聊了这个话题。儿子回答说觉得切西瓜太浪费时间，在他们年轻人的世界里，圆形的西瓜不是西瓜，切好以后插上叉子的才叫西瓜。我朋友听完儿子的回答之后，感觉有些莫名其妙，后来跟我聊到这件事情的时候还说过，现在这些年轻人的想法，简直是太难理解了。

对于我们这些中年人来说，切个西瓜并不能浪费什么时间；但在年轻人的眼里，与其切个西瓜，还不如直接在外卖平台上下单订购一盒现成的果切。这其实就是两代人对于时间的认知层面的差异。因为不理解年轻人的想法，所以我们也很难发现年轻消费者对于某些便捷性的产品和服务的需求，最终的结果就是错失这份小小的商机。

之前一个朋友提到，想要开发一款具备研磨和冲泡功能的手摇咖啡杯，问我有没有市场前景。我害怕打击到他，所以并没有给出具体的答案。实际上，我们可以思考一下。虽然现在确实有一部分人，追求高品质的生活，喜欢通过传统手磨的方式，去自己制作一杯香气浓郁的咖啡。但在现实当中，这样的人少之又少，绝大多数的人终其一生都不会和这种类型的产品产生交集，尤其是年轻的消费者。

年轻的消费者如果想要喝一杯现磨咖啡的话，到办公楼下的星巴克或者瑞幸就可以买到，总共也就几分钟的时间。

当然，更多的年轻消费者连下楼的时间都不想"浪费"，他们更愿意从外卖平台上下单，等待快递小哥送上一杯优质的咖啡。这样，节省下来的时间就能多看会儿书，多玩会儿游戏。

甚至，还有部分消费者连等待外卖送达的耐心都欠奉，觉得是在浪费时间。对于这类消费者，最好的选择就是全自动的电动咖啡杯。用户只需要将咖啡豆倒进指定的位置，咖啡杯就可以自动开始运转，先研磨后冲泡，快速为用户制作一杯美味的咖啡。我的一个朋友就是发现了年轻消费者在餐饮服务时效性这方面的需求，所以开发了一款电动咖啡杯，得到了不少年轻用户的青睐。

每一代人对自己究竟是浪费时间还是节约时间，节约的是哪部分时间，浪费的又是哪部分时间，认知是不一样的。作为创业者或者企业的经营管理者，我们不能被自己的固有认知所局限，要学会站在消费者的角度看问题、想问题。

为在未来满足消费者在便捷性方面的需求，我们正在设计一种一键买咖啡的产品。这个产品有些类似于医院的病房呼叫系统，一个小小的圆钮安装在每个人的办公桌上，当你按下按钮的时候，咖啡店就会接到订单。而且，为了进一步提升效率，我们已经提前按照个人喜好设置好了产品的类型，客人喜欢喝什么，咖啡店就会做什么口味的咖啡。而消费者除了需要按下按钮以外，什么都不用做，甚至连手机支付都不用，只需要等待一会儿，就可以收到自己喜欢的口味的咖啡。虽然舍弃了所谓的仪式感，但我相信，这种极致的便捷性依然能够占领很多年轻消费者的心。

懒惰是人类发展的助推器，因为不愿意用双腿行走，所以人类发明了汽车；因为不想要出门吃饭，所以人类发明了外卖。随着惰性的逐渐提升，人类对于某些产品和服务的便捷性也不断提升，而在这个过程中，很多商机和机遇也会应运而出。

2. 重新思考年轻人对于体验的理解

OPPO 手机旗下的一加品牌，为了宣传自己的新款产品，在全国十座城市举行了主题为"一加·原神体验优化实验室"的快闪活动。在活动的设计上，一加不仅在活动现场布置了很多原神游戏的相关元素，邀请了很多 coser，同时还设计了很多游戏环节，比如抽奖、盲盒等。而且，到场的消费者即使没有购买手机，也可以得到免费的精美伴手礼。这场快闪活动不只影响了一加品牌自己的粉丝，还吸引了很多原神游戏的粉丝，以及数码博主来到现场。

在大众的印象里，类似智能手机厂商这样的互联网品牌，通常都是线上运营为主。但现在却恰好相反，不仅仅是互联网品牌，越来越多的企业开始把阵地从线上转移到线下，快闪、主题店、体验店等线下运营新模式也层出不穷。为什么会出现这样的情况？

这个问题主要是和年轻消费者的体验需求升级有关。对于我们这些中年人来说，最早想要购物必须到超市或者商场去，虽然感觉麻烦但没有别的可以替代的方式。所以，后来电商平台出现之后，我们会感觉特别方便。但现在九〇后、〇〇后的年轻消费者，从一开始就已经习惯从线上购买商品，久而久之他们对于这种便利的体验已经习以为常。再加上年轻消费者的需求越来越多样化、个性化，通过简单的图片和问题已经不足以判断一个产品是否适合自己，只有更直观的身临其境的感受才具备真正的指导意义。而线上渠道最大的劣势就是无法提供直接的体验,相反,这一点恰好是线下渠道的天然优势。

在很多人的眼中,腾讯是目前国内互联网行业的巨头之一,但很少有人知道腾讯其实也有线下店,名字叫作"QQ family"。作为 QQ family 的合作伙伴,我们曾经受邀去参观过深圳的门店,参观的过程给我留下了深刻的印象。

在深圳的 QQ family 是一个集成了多种不同类型娱乐体验的综合体。腾讯将大量线上的资源移植到了线下,还和索尼、微软签订了代理协议。在这里,你不仅能够看视频、听音乐、唱歌,还可以和朋友一起玩喜欢的游戏。除了大厅以外,QQ family 还设置了包厢,外形酷似哈利·波特系列中提到的魔法学院建筑,非常适合年轻的消费者在这里和朋友聚会。

线下的沉浸式体验,这就是未来的一个机会。对于年轻的消费者来说,家是第一空间,工作单位和学校是第二空间,那么有没有第三空间?这个城市除了家和学校之外,你最想去的地方就是第三空间。腾讯实际上是打造了一个数码娱乐的第三空间，除此之外，有没有美妆的第三空间？有没有贪吃者的第三空间，有没有美容的第三空间，有没有运动的第三空间？我觉得这些都是未来潜在的机遇。

当然，除了强化体验以外，线下本身也是流量的重要来源之一。过去线上流量价格低、易获取的时候，我们有资本去选择性放弃线下为数不多的客户；但现在线上的竞争已经进入了白热化，线下的流量反而成为兵家必争之地。

3. 重新思考年轻人对于惊喜的定义

在和公司很多年轻同事交流的过程中，我发现一个有趣的现象，年轻人很少购买彩票，但却对盲盒情有独钟。同样是抽奖类型的产品，为什么盲盒会比彩票受欢迎呢？

有人说是因为二者之间中奖率的差异，有一定道理但不全对。盲盒当中隐藏款和限定款的产品，中奖率其实也非常低。只不过除了这些超出预期的惊喜之外，盲盒抽奖往往会有保底的其他普通产品，而且普通产品累积到一定数量，还可以直接换取隐藏或限定款的产品。换句话说，购买彩票，如果没有中奖的话，等于血本无归；而购买盲盒，即使中不了特等奖，还有很多一等奖、二等奖、三等奖等着消费者去收集。这其实就是现在年轻人的共性，他们需要超出预期的惊喜，但不接受血本无归的结局，有保底的小惊喜往往更容易打动他们。

很多人可能不太了解，现在餐饮行业也开始设计盲盒。这对于我们这些有"选择恐惧症"的人来说，绝对是一个福音。很多时候，我从上午10:30就开始思考中午要吃什么，考虑到12:00还在纠结。但有了盲盒之后，我们的纠结就可以留给餐厅了，只需要付款下单，吃什么由厨师说了算。

而且，购买餐饮盲盒还有可能会得到大大超出预期的惊喜，比如说我曾经订购过的一份团体盒饭盲盒，厨师会在100份盒饭当中设置2份价格较贵的龙虾或者牛排。我们可以想象一下，一份普通盒饭的钱，收到的却是牛排、龙虾，相信每一个幸运儿都会和身边人的分享这份喜悦，还会发朋友圈炫耀。这样一来，虽然商家的利润有所降低，却实现了品牌的有效传播，为企业增加了新的粉丝。

当然，即使我们不在这两个幸运儿的行列当中，还会有很多其他相对平价的美味菜品，怀着期待的心情打开盒饭的一瞬间，还是会产生一定的小惊喜。而且，即便是其中最普通的青椒肉丝、番茄炒蛋也能满足消费者基本的需求。有了保底的小惊喜，虽然没有中大奖而有所遗憾，但不至于让人心态崩溃，更多人反而会被激发起继续购买的意愿。

超出预期的惊喜固然诱人，但如果长期投入得不到回报，消费的积极性也会被打垮。保底的惊喜其实就是为了让消费者每次都可以有所得，不至于因为血本无归而沮丧、退却。

4. 重新思考年轻人对于美好的审视

我还记得，小时候每次儿童节要上台表演的时候，无论是男孩还是女孩，老师都会在额头上点一个小红点。有的是用水彩笔，有的是用口红，甚至有的干脆就直接贴一个贴纸。这种极简风的单品，成了中国儿童化妆史的第一页，但也是最难翻过的第一页。在七〇后、八〇后父母的基础价值观中，化着妆去上学、上课似乎都是坏孩子的"专利"。

但是现在，九〇后、〇〇后开始成为父母，这种情况已经开始改变。年轻人在自己还是孩子的时候就萌生了追求美的想法，但不幸被父母扼杀在了萌芽阶段。因为有过亲身的体会，所以在成为父母之后，他们并不想去干涉自己的孩子对于美的追求。甚至有些时候，年轻的父母还会主动给孩子化一点淡妆，让他们在聚会中、在舞台上更好地展示自己。但是对于儿童来说，成人化妆品中的很多成分可能并不适合，所以专门针对儿童的化妆品应运而生。

我有个好朋友，他的企业叫"尚美"，是韩束的母公司。尚美集团旗下有一个高端的母婴护理品牌，叫"红色小象"，起初是以各种婴儿、儿童专用的皮肤护理用品切入市场，取得了不错的反响。之后，意识到儿童彩妆品类背后的商机的红色小象研发了一套儿童彩妆用品，主打植物萃取成分，包括眼影、化妆棉、底妆、粉底和口红等系列产品。投放市场之后，也取得了不错的销售业绩。在小红书等平台上还可以看到很多家长使用红色小象的儿童彩妆产品打扮自己孩子的经验与心得。

很多人都是把儿童彩妆产品当作一种无害的玩具，买回去送给孩子。虽然儿童美妆产品面临有关部门严苛的监管，但随着年轻消费者对于美好的追求的升级，未来这个品类下也会出现大量的机会。

当然，年轻的需求是多样化的，受限于篇幅，我们只能从便捷、体验、惊喜、美好这四个维度初步展开。至于其他方面，随着需求的升级与细化，同样会催化出大量的机遇等待我们去把握。只不过，我们要确保自己真正了解年轻人真实的需求，而不是臆想需求。

机遇无处不在，
只是我们少了一双发现的眼睛。

机遇赋能篇
企业如何抓住新机遇

1. 重新思考年轻人对于便捷的看法
- 每一代人对于时间的认知不一样
- 懒惰是人类进化的助推器，惰性升级，产品和服务的便捷性也需提升

2. 重新思考年轻人对于体验的理解
- 年轻消费者的体验需求升级
- 线下的沉浸式体验是未来的一个机会

3. 重新思考年轻人对于惊喜的定义

年轻人需要超出预期的惊喜，不接受血本无归的结局，更容易被保底的惊喜打动

4. 重新思考年轻人对于美好的审视

年轻人对美好的追求升级，未来儿童的化妆品会出现大量的机会

品牌运营篇：
公司如何运营自己的品牌

虽然从法律的意义上来讲，企业从创立的那一天起就已经拥有了自己的品牌。但实际上，从营销的维度出发，很多企业的品牌实际上只是品类。

当你去超市里购买面粉的时候，会对品牌有所偏好吗？大多数时候，我们只是会挑选面粉的种类，比如富强粉、特精粉、雪花粉等，很少会有人关注面粉品牌的选择。因为在大众的认知当中，面粉这种基本的生活必需品，无论任何品牌质量都能达到较高的水准，我们只需要按照自己制作食物的要求去选择种类合适的产品。换句话说，在面粉这个行业当中，所谓的品牌并没有产生实际的影响力，企业之间竞争的核心也不是对用户心智的占领，而是渠道的运营水平。

真正的品牌，能够让企业成为品类的代名词，是让消费者在想到某一类型商品的时候，第一时间就会想到你。从这个标准来说，很多企业的品牌运营工作还有很大的提升空间。

1. 地方性品牌：走向全国、全球

大多数人其实都不知道，我们平时经常会去到的不同品牌的兰州拉面，其中绝大多数都不是兰州的品牌，甚至和兰州没有一丝一毫的关系。而兰州真正本土的牛肉面品牌，虽然口味出众，口碑出色，却很少走出过兰州。

我跟很多人聊过这个问题，总结大家的答案，主要有两个关键点：第一，兰州人或者说西北地区民众安土重迁的思维根深蒂固，不太愿意出门去闯荡。而且，兰州作为甘肃省的省会，经济发展水平相对较高，有足够大的市场去支撑企业的发展。如果你不追求成为伟大的企业，停留在兰州也能获得不错的发展。相比之下，青海部分地区的发展相对滞后，很多人为了生计不得不背井离乡，去大城市寻找进一步发展的契机。这也是最早一批兰州拉面店的老板几乎都是青海人的主要原因。

第二，真正的兰州牛肉拉面口味相对单一，而且口味有一定的局限性，因为使用了大量大红袍花椒和胡椒，所以真正的兰州牛肉拉面有很重的麻感，这对于部分消费者尤其是南方地区的消费者来说，并不是一种容易接受的味道。很多人可能会说，产品的口味是可以改良的。确实如此，但就像我们在上文中所提到的，兰州本身就有不错的市场基础，企业同样可以稳定地发展，为什么还要耗费大量的人力物力去调研并改良呢？

兰州牛肉拉面并不是个例，**很多地方性的品牌都是如此：成于特色，但也困于特色**，只能偏安一隅，无法登上更大的舞台。如果专注于地方市场真的能够让企业长远地发展下去，也不失为一个合理的选择，但现实并非如此。即使你停留在原地，还是会有其他的品牌进入你所在的地区，去抢占你的市场份额。

还是以兰州牛肉拉面这个品类为例。现在，很多新兴的兰州拉面品牌从一开始锚定的就是全国市场，比如马记永、陈祥贵、张拉拉等。这些品牌从创业初期就通过大量的调研和试验，改良出了适合不同地区消费者口味的产品体系，并取得了不菲的融资。当这些新兴品牌在全国建立起自己的影响力，地区性品牌的市场份额自然也会被挤占。

入局并不等于胜局， 所以我觉得有必要提醒一下那些在地方区域当中有一定影响力的品牌，是时候开始考虑你的全国部署了。

抛开个人的发展，作为企业的经营管理者，在这个时代我们多多少少需要有点情怀，需要承担一些社会责任。尤其是那些在地方区域有一定影响力的企业，你背负的不仅仅是自己，可能还有这片土地对你的倚仗和期待。所以，除了养活自己之外，我们可以尝试着去走向全国，甚至走向全球，带动地方的发展。

过去在谈到柳州的时候，人们总是会提到两个事情，一个是柳州的棺材全国知名，因其质量出众，木质紧实，坚韧而轻，不生虫蚁，历史悠久；另一个就是"人民需要什么就造什么"的五菱汽车。但现在，柳州又多了一个名片，那就是被全球年轻消费者所喜爱的美食：螺蛳粉。

从2012年在"舌尖上的中国"系列节目中露脸之后，螺蛳粉就得到了很多年轻消费者的关注。之后，很多品牌推出了速食包装的螺蛳粉，不仅独特的味道得到了保留，而且食用起来也更加方便，更是迎合了年轻人的饮食习惯。疫情居家期间，螺蛳粉取代方便面成为很多年轻人的新宠。2022年，仅预包装的柳州螺蛳粉产品，销售收入就高达182亿元。其中出口产品销售额达到了8300万元，柳州螺蛳粉的足迹已经遍布28个国家和地区。

最重要的是，螺蛳粉在全球的热销不仅仅拉动了地方的经济，还成功带动了柳州地区的旅游产业。2022年，柳州全市接待游客5688.11万人次，旅游消费649.70亿元。毫不夸张地说，螺蛳粉的出圈赋予了柳州全新的活力，展现出了和过去截然不同的影响力。

其实在中国，有很多地方性品牌拥有类似于螺蛳粉的拳头产品，只是还没有把"拳头"挥出去。比如我每次去郑州都要吃的方中山，在遇到这个品牌之前，我没有想到有一个企业可以把胡辣汤、生煎包、油饼做得如此美味。但就是这样一个品牌，至今还没有走出河南，这对于像我这样的老饕来说是莫大的损失。

所以我觉得，类似方中山这样的地方性品牌应该跳出自己的舒适区，扛起地区发展的大旗。同时，我也特别期待，在未来能够看到更多地方性品牌的优质产品和独特经济模式走遍全国，丰富老百姓的生活。

2. 老品牌：激活消费者的记忆

自从"跨界营销"这个玩法火起来之后，很多老字号和非常有历史的品牌也开始尝试这种方式。之前，我接触到一个八〇后创建的品牌所设计的营销方案，他们在自己产品的包装上印刷了很多过去的怀旧元素，比如20世纪80年代流行的一些经典游戏——街头霸王、坦克大战等。通过怀旧的元素去勾起消费者过往的记忆，从而焕发品牌活力，这种设计的底层逻辑没有问题。但用其他品牌的元素去激发消费者对自身品牌的记忆，这就是本末倒置了。

作为老品牌，你跟别人相比，最不一样的地方就是历史。你曾经出现在历史当中，出现在消费者的记忆当中，你只要恢复自己原来的样子，就可以激活人们的记忆。

我还记得之前为健力宝策划营销提案的时候，我说了这样一句话："我爱你不仅是因为你的样子，而是和你在一起的时候我的样子。"消费者更容易被过去某个时代的自己打动，而不是某个过去的产品或者品牌。所以我们要做的其实很简单，就是用原来的样子，再次出现在消费者的历史中，激活他们对于过去时代的回忆。

基于这种逻辑，我们和健力宝共同打造了复古的"1984复刻版"产品，和1984年发布的产品相比，除了因为相关规定而去除的奥运五环标志以外，其他的设计和过去一模一样。这款产品上市之后，很多七〇后、八〇后消费者的记忆快速被唤醒，同时也为健力宝品牌带来了更多的关注和流量。

历史才是品牌发展路上最无法超越的元素，虽然新兴的品牌可以吸引用户的关注，但它们永远不能回到过去，去创造消费者的记忆，所以，如果你是一个拥有长远发展历史品牌的经营者，不要轻易放弃自己的优势。秉持这一点，你未来的路其实很简单。

当然，现在是一个"体验为王"的时代，品牌需要的不仅仅是记忆的激活，还有激活后持续的强化，最终形成沉浸式的体验。所以，对于品牌来说，恢复自己以前的样子只是一个开始，我们还要以此为基础不断地进行叠加，创造更好的体验。

因为知道我喜欢美食，又愿意尝试新鲜事物，所以平时经常会有一些朋友和粉丝向我咨询有哪些餐厅值得尝试。2022年和2023年，我推荐最多的就是北京的宫宴，一方面是因为宫宴创始人行斌是我在中国饭店协会青年企业家工作委员会的好朋友；另一方面，宫宴所创造的体验也确实是其他餐厅无法比拟的。

行斌的家族在以前就是专门制作宫廷宴席的，传到他这一代，不仅改良了过去的传统菜式，创办了宫宴之后，还在提升顾客体验上花费了不少的心思。宫宴的整体设计风格比较偏向于唐代，盛唐气象的雍容华贵，是中国传统文化中非常重要的组成部分。除了整体的装修风格以外，去宫宴就餐，餐厅还提供服装和化妆服务，消费者可以穿上唐装，化上唐代流行的妆容，然后一边看表演，一边享受美食。

我第一次带着孩子去宫宴，我儿子就对这里产生了浓厚的兴趣，基本没怎么吃饭，一直在东瞧瞧、西看看。其实不只是孩子，我观察四周的时候发现，几乎每个人都是同样的举动，都在举着手机不停地拍摄。经由我的推荐去宫宴体验的很多朋友和粉丝，也陆续发回了不少体验和感受，几乎每个人都提到了超出预期的优质体验。

随着年轻人对中国文化喜爱程度的提升，随着民族自信的崛起，这种沉浸式体验传统文化的场景，也越来越受到欢迎。虽然相对于传统餐厅来说，宫宴的客单价相对较贵，但这并不影响消费者的热情。现在宫宴已经成为北京著名的网红打卡地之一，想要去吃饭，需要提前很长时间预订。之前我和行斌打电话说预约去宫宴吃饭，得到的回复是最快也要等到下个月。而且，不仅仅是中国的年轻人，很多国外驻中国的大使馆在举办宴请活动的时候，也会把地点定在宫宴，让外国友人可以身临其境地体会中国的传统文化。

单一的场景体验未必能够给消费者创造多少惊喜，但如果能够围绕基础的场景，把所有的细节都融入场景当中，通过层层递进的感受，消费者的体验可以不断地增强，最后达到沉浸的效果。

当然，也不是所有的场景都具备让消费者沉浸的能力，必须和我们的文化有所关联才可以。比如你带着一个一〇后的小朋友去大闹天宫主题的餐厅，你自己或许会很激动，但孩子却不会有太深刻的感觉，因为这不是他认知当中的文化，这些元素并不能激发他的心理共鸣。所以，企业在选择从哪个场景入手去提升体验的时候，要充分考虑文化的因素。

过去我们常常提到，餐饮分为两个部分：一个是更好更节约的餐饮，是效率更高的餐饮；另一个是有仪式感的餐饮，是浪费时间的餐饮。

什么叫作"仪式感的餐饮"，比如说你去麦当劳、肯德基、老乡鸡等快餐厅就餐，主要目的是节约时间、提升效率，不需要那些文化氛围的体验。但是如果一旦涉及让消费者有仪式感的产品，你就需要在文化氛围上有所创新了。我们上文提到的宫宴就是一个非常典型的案例，这是中国发展到我们这一代，民族昌盛、社会繁荣、民族自豪感提升体现在餐饮行业的一个文化象征。

未来，"体验为王"的时代仍然会继续，简单餐饮模式的市场会越来越小。我们需要文化赋能的产品去激活我们的记忆，创造更优质的体验，丰富市场的发展逻辑，最后为行业的发展找到一个更加光明的未来。

无场景，不营销。

入局并不等于胜局。

品牌运营篇
公司如何运营自己的品牌

1. 地方性品牌：走向全国、全球
- 地方性品牌现状：成于特色，但也困于特色
- 入局并不等于胜局，要进行全国、全球部署

2. 老品牌：激活消费者的记忆
- 历史才是发展品牌路上最无法超越的元素
- 需要激活记忆，持续强化记忆，形成沉浸式的体验

项目打造篇：
文旅项目如何走出平庸？

从当年团购行业的"百团大战"，到后来美团与饿了么之间的外卖之争，再到各大手机厂商、新能源车企之间的相互倾轧，企业的经营似乎总是围绕着竞争这个核心。很多企业都认为只要能够把所有的竞争对手斩落马下，自己就可以成为行业规则的制定者。

确实，我们不得不承认，现在是"剩者为王"的时代。但这种零和博弈的思维，真的能够带来美好的未来吗？其实不然。当市场竞争成为一场资本的游戏，每个人都试图通过原始的价格战的方式去打垮竞争对手，而那些真正面向未来的一些更好的业态，反而会被埋没，成为竞争的牺牲品。

这种劣币驱逐良币的例子并不少见。比如现在的餐饮行业，有很多连锁品牌为了实现菜品的标准化，同时也是为了降低门店的运营成本，选择了预制菜的赛道。简而言之就是企业的中央厨房或供应商，会提前将菜品制作好并进行真空包装，然后再通过冷链运输将菜品送到各个门店当中。这样一来，既保证了菜品出品标准的统一，提高了出餐的效率，同时也降低了门店对于厨师的依赖。

但吃过预制菜的人应该都知道，虽然从表面看和现场烹饪的菜品没有太大的区别，但在味道上却有不小的差异。而且，预制菜为了保证菜品的储存时间和口味，往往会使用大量的香辛料和添加剂，和我们现在所追求的健康饮食也是背道而驰。但就是这样的产品，却可以借助资本的力量，将门店扩张到全国各地，通过规模效应提升品牌影响力，甚至还会将一些美味又健康的本地特色餐饮门店淘汰出局。

这类连锁品牌，虽然能够借助资本的力量急速抢占市场，但由于本身缺少核心竞争力，往往会在短暂的辉煌过后，迅速地走向灭亡。这也是过去很多网红连锁品牌，常常会出现加盟商暴雷问题的重要原因。

无论是从消费者体验的角度，还是从企业自身长远发展

的角度，零和博弈都不是一个合理的思路。我始终认为，与**其围着一块本就不大的甜点你争我抢，不如大家齐心协力把蛋糕做大**，让每个人都能从中获得更多的利益。但真正要实现这种共同发展的目标，还有两个关键的问题需要解决：如何将不同的企业纳入同一个利益共同体当中？之后又该如何吸引足够的客源，让每家公司都能从中获益？

这两个问题，实际上考验的是企业的项目打造思维能力和资源整合能力。什么样的项目能够囊括大量不同类型的企业，同时还可以带来丰厚的收益呢？其实类似的项目有很多，但如果一定要给一个具体建议的话，我觉得文旅项目的前景最值得期待。

从现在来看，文旅已经成了城市建设的必要组成部分，一个城市如果没有几个文旅项目，就会让人觉得这个城市魅力不足。除了文化层面的意义之外，文旅项目的经济价值也十分可观，不仅能够带动餐厅、酒店、交通等不同行业的发展，同时还可以把不同的企业整合进一个利益共同体当中，实现共同发展。所以，现阶段无论是文旅集团，还是企业、政府，都特别重视文旅项目的设计与开发。

当然，重视归重视，能不能做好是另外一回事。现在很多城市所规划的文旅小镇元素丰富、设计出彩，但就是吸引不到游客。问题出在哪里？文旅的关键在于文化。失败的文旅项目往往不是死于建筑风格，而是死于内容不足。那么，一个好的文旅项目，它的内容应该包括什么？

1. 本地人常来

现实中，很多文旅项目针对的都只是外地的游客，有时候就会出现各种各样的问题，比如极端天气、交通不便等，都会导致外地游客的数量减少。所以，文旅项目不能完全成为外地人来本地消费的一个场景，还应该具备让本地人的文化升级的属性，这样才能保证稳中有升的客流。

2. 外地人必来

我相信很多人都听过"不到长城非好汉"这句话，也正是在这句话的感召下，很多来到北京的游客，基本都会拿出一天左右的时间去爬一次长城。而我们打造文旅项目的时候，也要营造这种外地人必来的效果。要让消费者感觉到，来到这座城市，如果不去这个小镇上游览一番，等于没有来过。

如果你所在的地区有和长城一样历史悠久的名胜古迹，依托于这个IP去打造文旅项目，已经足以吸引人的眼球。但更多的地区并没有这样的历史文化遗产，那么在打造文旅项目的时候，就要更多地考虑地区性的文化特色。

比如我们之前提到的长沙文和友，就是还原了20世纪80年代前后老长沙的街头景象。这不仅能够吸引一批怀旧的当地消费者，对于远道而来想要体验长沙本土文化的外地消费者来说，同样具有不小的吸引力。

一个优秀的文旅项目，不一定要多大规模，不一定要多高的投资，但一定要具备成为某个地区的文化地标的能力。也只有成为地标，你的文旅项目才能让更多人慕名而来。

3. 有粉丝常驻

文旅项目通常都会包含很多不同行业的多种业态，这些不是一家企业，或者一个地区的有关部门可以解决的。

西安作为十六朝古都，有很多古代遗留下的建筑，而依托于这些资源，西安也成功开展了很多文旅项目。我之前去西安的时候，就曾经碰到很多游客在西安的古城墙下观看乐队表演。表演的乐队当中，除了西安本土的一些音乐人以外，还有不少是外地的音乐团队。更重要的是，无论是本地的还是外地的乐队，大家都是因为喜欢西安，所以自发到这里献唱，文旅项目只是提供了一个舞台，并没有支出额外的费用。

我们可以思考一下，如果没有这些粉丝，所有的节目都要由政府或企业去组织，且不论能不能找到这么多合适的演出团队，仅成本这一项就很难负担。所以，一个优质的文旅项目必须有粉丝常驻。就像云南大理，很多民宿都不是当地人在经营，而是全国各地的粉丝为了自己内心的追求，自发地进行价值的创造。

4. 有内容分享

对于年轻人来说，如果不拍照分享，旅游的意义就丧失了一半。消费者在经历了一个好吃、好玩、有趣的文旅项目之后，获得了不错的体验，想要发朋友圈炫耀一下，但却发现无论在哪儿都拍不出好看的照片，不是景观不全，就是光线不好，体验瞬间大打折扣。

对于文旅项目的策划者来说，有内容可以进行分享同样意义重大。游客的分享本身就是一种社交的裂变，当景区美丽的景色和出色的体验通过游客的朋友圈传播出去，就会有很多人被吸引而成为新的游客。

所以，文旅项目的设计，除了基础的好吃、好玩、有趣以外，还要确保能够让游客有内容可以分享。你可以去现在的云南洱海周边看看，已经布置了很多有意思的建筑，功能性不强，但却非常适合作为拍照的背景。

5. 有故事主线

就像我们在之前提到的，文旅的关键在于文化，这是文旅项目区别于其他普通旅游项目的关键点，也是很多消费者关注的核心要素。那么，一个旅游景点如何体现文化呢？最简单的方式就是用一个故事来串联整个景区，通过明确的主线来告诉游客应该用什么样的心态、什么样的方式去游览、参观和体验。

很多旅游项目，看似安排了满满当当的行程，但人们往往无法沉浸其中，只能在不同的场景和体验中反复横跳，游玩结束之后也很难记忆深刻。而文旅小镇的故事主线，其实就是消费者在体验之后的记忆原点，由此为基础，就可以串联起整个游览过程的所有体验和记忆，让人念念不忘。

6. 有故事支线

当然，如果文旅小镇只有单一的故事主线，那就意味着它只能为消费者提供单一的体验。换句话说，来过一次之后，他就不想再来了。如果你想留住消费者，让他来过一次还想再来，那么就要在主线剧情之后，再增加一些支线剧情。

　　游戏为什么吸引人？就是因为剧情丰富。我年轻的时候非常喜欢一个游戏叫作"仙剑奇侠传"，通关了很多次依然爱不释手，因为主线剧情通关之后，还有很多支线剧情等待你去收集。就像现在的鼓浪屿一样，游览开始之前会先给你一个地图和一个印章，地图上标注着景区当中各个不同的景点。然后你就可以去逐一盖章，收集各种各样的支线剧情。

7. 有精神高度

　　现在的年轻消费者大都见多识广，或者也可以说是见怪不怪，缺少精神内核的普通故事很难吸引他们的注意力。所以，我们在设计文旅项目的时候，一定要赋予其足够的精神高度，通过心灵层次的共鸣来激发消费者的兴趣。

　　就像阿那亚的地标性建筑：孤独图书馆，其所呈现出来的孤独的精神内核，其实就是迎合了年轻人渴望短暂脱离城市的高压生活，享受离群索居的自由的情感需求。

再比如我们之前在江苏溧阳的天目湖开发的一个文旅项目。天目湖原本是人工形成的深水湖，区域内还有"沙河""大溪"两座国家级大型水力发电站，但后来因为风光秀丽，景色宜人，后来就慢慢地被开发成旅游度假区。

天目湖主要的景区是四个湖心岛：山水园、湖里山、龙兴岛以及茶岛，每个岛都有各自的风格，但仅凭景色并不足以吸引年轻的消费者。因此，在原有基础上，我们设计了"梦想""爱""坚持"和"勇气"这四个精神内核，每一个岛都对应其中的一个主题，并增加了和精神内核风格统一的各种设计。有了这四个方向性的、意向性的主题指引，不仅能够吸引更多不同情感需求的消费者，还能为游客提供多样化的体验。

现在越来越多的年轻人把旅游当作是放松和充电的一个过程，所以他们不再喜欢去过去那些知名的名山大川、名胜古迹，反而更加愿意去一个名声不显、游客不多但精神契合的小镇，体验自己内心当中向往已久的生活方式。

8. 有灵魂建筑

一个文旅小镇会有很多各种各样的建筑，但只有这些是不够的，一定要有能够奠定基调、升华主题的灵魂建筑。灵魂建筑既是对文旅小镇精神内核的集中体现，同时也是吸引消费者的核心关键点。很多文旅小镇在宣传的时候，都是以内部最有代表性的灵魂建筑入手进行宣传，从而提升整体的热度，吸引更多的游客。

比如之前提到的孤独图书馆就是典型的灵魂建筑，是对阿那亚整体风格的集中体现和升华拔高。而且，在阿那亚建成初期，很多人都是先知道了孤独图书馆，然后在了解图书馆的时候，才知道了阿那亚这个地方。湘西芙蓉镇的瀑布，峨眉小镇的在路上咖啡厅，都是灵魂建筑。

灵魂建筑是一个文旅小镇的思想高地，是精神内核的极致，是故事主题的升华。少了它的存在，各种建筑会失去主题而显得散乱，游客的体验也会因此降低。

9. 有产品能够带走

在旅游的整个过程中，不可或缺的一个环节就是购买纪念品。无论是送给亲戚朋友当作礼物，还是游客留给自己的旅行纪念，文旅项目都需要提供一些特色并且容易携带的商品。比如一些当地特色的农产品，或者一些个性化的文创产品等。

10. 有场景留下

文旅项目除了游览景区以外，通常还会设计一些特殊的活动，一方面是为了增强体验，而另一方面则是为了给消费者留下深刻的印象。

我之前曾经带家人去过山西的云丘山游玩了5天，其间有两个活动给我留下了深刻的印象。第一个活动是古村落探秘。云丘山上有很多古村落没有进行过多的修缮，保留了原始的破败的感觉，行走在其中，就像是在探索过去时代遗留下的痕迹一样。尤其是很多小朋友，非常喜欢这类活动。第二个活动是汉服活动。大家都穿上汉服走在街上,搭配复古感十足的街景,毫无违和感,非常适合拍照留念。

文旅项目的核心是文化而非旅行,而活动恰好是一个能够体现文旅小镇文化属性的优质载体。当然,前提是活动的设计和小镇的基调相匹配。

11. 有理由再来

一个优质的文旅项目不仅要吸引到游客,而且要让游客来过一次,还想再来第二次。但如何让消费者在体验过之后,还想再体验呢?关键就在于创新。

我们之前在白龙湾设计了一个非常好的项目,叫作"防城港水下军事博物馆",简单来说就是把飞机、大炮推到海底,然后通过隧道和浮潜、深潜去观赏。传统的军事博物馆,不是在地面上,就是在水面上,只有在防城港,你才能看到水下的军事遗迹。这种全新的体验,对于军迷来说,一次游览很难满足所有的好奇心。通常的结果都是,第一次消费者来的时候选择了从隧道观看博物馆，体验很好但觉得不满足，很快就会来第二次。而这次人们再来就会选择浮潜或深潜的方式，从不同的角度再重新体验一遍。

再美的景色，再好的服务，第二次体验的时候也会失去第一次时候的新鲜感、惊艳感。在这种情况下，就需要对文旅项目的设计进行创新，为消费者提供全新的体验，从而让消费者能够始终对文旅项目保有好奇心。

12. 有夜游项目

现在的年轻消费者几乎都是"夜猫子"，甚至还有不少人到了晚才开始一天的生活。所以相应的，为了迎合消费者的这种生活习惯，文旅项目当中自然也少不了夜游的部分。而且，有了夜空和灯光的映衬，夜晚更加有氛围，能够为消费者创造与白天时截然不同的体验。

那么，夜游活动的设计应该注意哪些方面呢？我们曾经荣幸受邀参与了苏州市著名的"姑苏八点半"项目，后续也参与开发了不少夜游项目，比如黄果树瀑布和芙蓉镇的"瀑布夜游"等。从这些实践中我们也总结了一些夜游设计的经验。

首先,夜游要有光。我们不仅仅是要让景区亮起来,灯光绚烂起来,还要在光与光的交互中,光与影的交织中,构造一种故事性,让人感受到具体的场景。

其次,夜游要有文化体验项目。文旅小镇的文化属性,在夜晚要有全新的诠释方式。比如,一些不同形式的演出,就可以放在夜晚去进行,毕竟很多表演本身就需要灯光的辅助。

再次,夜游要有互动。就像古北水镇夜游项目中的音乐喷泉表演和无人家灯光秀,就是通过光影式的互动,沉浸式的互动,带给游客惊喜。

最后,夜游还要有打卡。很多景区的夜游项目最大的问题就是晚上没有合适的灯光,游客拍出来的照片,不是大放光明,就是漆黑一片。所以想要展现景区夜晚美丽的景色,我们要注意灯光的设置与搭配,确保每个值得拍照留念的地方,都能有暖暖的面光照耀。

除了这些通用的设计以外,还有一些特殊的夜游项目需要个性化的设计。比如,以研学为主题的文旅项目,需要夜读的环节；游戏主题的文旅项目，夜晚可以举办一些简单的电竞比赛；交通不便的景区，夜游项目设计中需要格外关注交通工具的问题。

总而言之，夜游项目设计的重点在于打造体验的闭环。闭环完成之后你会发现，消费者的所有个性化需求几乎都可以在这个夜游项目当中得到满足。

13. 有产业落地

我们前面所说的十二点内容，基本都是在围绕如何吸引消费者这个话题在展开讲解。但实际上，在满足消费者需求的同时，文旅项目还要解决企业与城市的发展问题，简单来说就是实现产业的落地，这才是我们设计文旅项目的初衷。

同样是在白龙湾，我们参与设计了一个名叫"夕餐厅"的项目。夕餐厅，顾名思义，就是可以看见夕阳的餐厅，在所有人都在向往海上日出的时候，却忘记了海上落日同样美丽动人，所以我们选择在这样一个能够欣赏夕阳的地方设计了一家餐厅。更重要的是，白龙湾附近有中国最好的海洋牧场之一，这里的海鲜不仅新鲜而且品质出众，再加上中国饭店协会的加持，夕餐厅的菜品也能够达到一流的水准。美景加美食，夕餐厅不仅仅是一个餐厅，更是一个产业，甚至还能带动整个防城港市的海鲜以及海鲜加工相关产业落地发展。

文旅项目设计的落脚点最后还是要放在产业落地这件事情上。也只有产业落地，企业才能从中获益，城市才能有所发展，文旅项目的开发才有实际的意义。

总而言之，开发一个文旅项目具体思路具体如下：第一，本地人常来，要有生活元素；第二，外地人必来，应该有区域特色；第三，有粉丝常驻，有事业的发展；第四，有内容分享，有内容的传播；第五，要有故事主线，这是我们记忆的原点；第六，有支线剧情，满足人们收集的兴趣；第七，要有精神的高度，人生的追求；第八，要有灵魂的建筑，树立思想高地；第九，要有产品能够带走，主要是零售和文创；第十，要有场景留下，需要活动运营，第十一，要有理由再来，靠体验创新；第十二，要有夜游；第十三，要产业落地，发展区域经济。

这十三个方面很少有企业能够全部做完,但即使只做到其中之六七,也足以超越现在大多数文旅项目。借助这个思路,可以让你的文旅项目快速走出平庸化,并且能够持续盈利,成为为民造福的典范,真正实现官得其名、商得其利、民得其益三个目标。

与其围着一块本就不大的
甜点你争我抢，
不如大家齐心协力
把蛋糕做大。

项目打造篇
文旅项目如何走出平庸

1. **本地人常来：** 要有生活元素
2. **外地人必来：** 应该有区域特色
3. **有粉丝常驻：** 有事业的发展
4. **有内容分享：** 有内容的传播
5. **有故事主线：** 这是我们记忆的原点
6. **有故事支线：** 满足人们收集的兴趣
7. **有精神高度：** 人生的追求
8. **有灵魂建筑：** 树立思想高地
9. **有产品能够带走：** 主要是零售和文创
10. **有场景留下：** 需要活动运营
11. **有理由再来：** 靠体验创新
12. **有夜游项目：** 打造体验闭环
13. **有产业落地：** 发展区域经济

营销创新篇：
营销的创新要从哪些方向入手？

曾几何时，商场楼下快餐店即将开业的海报都可以吸引很多路人驻足观看，但现在从机场、火车站的大厅走过时，还有多少人会抬头看一眼无处不在的广告呢？

在这个"低敏感"的时代，消费者对于传统的营销方式已经无感到了视若无睹的地步，如果还不创新营销的手段，我们迟早要被市场淘汰。其实很多面向年轻消费群体的企业已经意识到了这个事实，但问题是，营销的创新要从哪些方向入手？

1. 打造独属于个人的惊喜

之前，巴黎奥运会的奖牌设计被公布，我觉得这应该是继北京奥运会的"金镶玉"奖牌后最有创意的奖牌设计方案。

它从正面看是一块奖牌，但实际上是四块奖牌贴在一起，获奖的运动员可以保留自己的主奖牌，而其他三块奖牌就可以送给自己的教练、朋友、父母作为纪念。能获得世界冠军的奖牌这样珍贵而独特的礼物，可想而知可以带来多大的惊喜。

就像我们请客吃饭，最高规格就是去当地知名的大酒店，后来在自己熟悉的小酒馆、路边摊请客吃饭才能证明双方的交情，而现在对朋友的最高礼遇就是家宴。在未来，产品会越来越丰富，消费者对普通商品的无感程度也会不断提升。到那个时候，或许只有私人定制，或者叫独属于个人的产品才能称得上是最珍贵的礼物。所以，在营销创新的过程中，我们首先要思考的，就是如何将产品打造成独属于个人的惊喜。

之前的内容中曾经提到一个名为"我有一亩蟹"的案例，这其实是我们跟兴化大闸蟹的领军人物陈华合作开发的一个项目。在今天，大闸蟹已经成为一种特定时令赠送亲友的常见礼品，但除了阳澄湖大闸蟹以外，其他产区的产品很难营造一种稀缺感，也得不到消费者的信任。所以，我们另辟蹊径，没有沿袭传统的方式进行售卖，也没有发售当下流行的蟹券，而是直接让消费者预定蟹田。

简单来说，消费者只需要支付一定的费用，就可以买下一定面积蟹田一年的使用权，而且会有专业人士负责帮助客户进行日常的打理和喂食。到了收获的季节，这部分蟹田产出的大闸蟹以及一些副产品，都属于客户自己。一亩蟹田，客户通常可以收获100只以上的大闸蟹，以及蟹黄酱等副产品。

如果客户想要把收获的大闸蟹送给自己的朋友，我们还可以为客户私人定制一个专属的包装，印上客户的名字和头像，有的还会根据要求附上卡片和客户想要表达的文字。把属于自己的螃蟹送给朋友，在感知上远比赠送普通的礼盒或者蟹券，更能打动人心。

再好的东西，看得多了难免审美疲劳，唯有私人定制的产品，无论何时都能匹配消费者的个性化需求，而且永远都不会落伍。

2. 提升生活的效率

在生活节奏日益加快的当代，完整的一天中只有碎片化的一些时间真正属于我们自己。为了能够有更多的时间用在自己喜欢的事情上，如何在一些不那么重要的事务上节约时间、提升效率，就成了很多年轻消费者的普遍需求。我们的营销创新也可以从这个方向入手。

之前的内容曾经提到，现在年轻人对于时间的认知与中年人截然不同。比如在吃饭这件事情上，比起出门就餐，年轻人更愿意点一份外卖，在等待送货上门的这段时间，他们就可以做一些自己喜欢的事情。但在现实当中，有些地方是不允许外卖进入的，比如很多学校、医院为了避免食品安全问题会禁止外卖进入。在这些场景中，消费者想要快速获取食物的需求，应该如何满足呢？

之前我们曾经服务过的一个客户就是关注到了这一点，并在营销中进行了针对性的设计。这家公司的名字叫"粉他"，他们研发了一款自动煮粉机，消费者扫码支付后，只需90秒的时间就可以拿到一碗美味的柳州螺蛳粉、贵州牛肉粉、花旗牛肉粉或者桂林米粉。

有了这样切合年轻消费者需求的产品，营销的思路其实就相对简单了。粉他和学校进行了合作，通过为学生提供勤工俭学的工作岗位的方式，将自动煮粉机布局到了很多校园中。之后经过简单的宣传和引导，年轻人本身的好奇心就会得到激发。而粉他因为使用了半干粉的基础技术，虽然制作时间短，但能够保证产品的口味，和现煮的螺蛳粉相差无几。短短的90秒时间，就可以得到一碗现煮的螺蛳粉，比外卖的效率更高，比方便速食品的口味更好。所以，粉他的产品投放之后，得到了众多消费者的好评。

其实现实当中还有很多地方可以继续提升效率，也有不少企业的产品或服务能够帮助消费者节约时间，但问题是你并没有在营销中展现出自身在这方面的优势。所以，我们有必要重新思考自己的产品和服务，判断它们能否在效率提升方面为消费者创造价值。

3. 极致的性价比

安迪·沃霍尔说过:"贫民窟的孩子喝可口可乐,坐在白宫里的总统喝可口可乐,富商们也喝可口可乐,但是没有人因为有钱就喝到了更好的可口可乐。"这句话看似平常,却清晰地说明了可口可乐成功的秘诀:在最大众的消费品赛道中,打造出最大规模的产品。

其实这对于很多既不能制造独属于个人的惊喜,又没有提升效率功用的产品来说,未尝不是一种启示。但问题是,我们应该如何扩大产品的规模?一句话:高质低价。一般情况下,越是大众化的行业,其中的品牌越多,竞争就越激烈。在产品不讲究所谓科技或者创新的情况下,只有更高的质量、更低的价格可以引起消费者的关注。

说起张红超,很多人可能没有印象,但他创立的企业你一定知道,那就是蜜雪冰城。虽然蜜雪冰城在一线城市还没有打开市场,但在2、3、4、5线城市当中早已实现了碾压式的成长,门店数量也已经超过了1万家。中国有那么多奶茶、冰淇淋的品牌,为什么蜜雪冰城格外受到消费者青睐呢?

其实，蜜雪冰城的成功之路和可口可乐非常类似，就是靠高质低价的产品。我们可以回忆一下，最早的时候，一瓶可口可乐的价格大概是 2 元，而现在也只是涨到了 3 元左右，价格上几乎没有太大的变化。和其他随着通货膨胀而不断涨价的商品相比，可口可乐对于价格的坚守确实值得称道。更难能可贵的是，即便可口可乐已经成为价格低廉的大众饮品，其产品品质依然保持着极高的水准。

蜜雪冰城也是同样的做法，创始人张红超曾经回忆起，小时候在街上看到了一款名为"彩虹帽"的冰淇淋，售价 18 元钱。这对于当时还是孩子的张红超来说，无异于一笔巨款，所以当时他就下定决心，要创造一款所有人消费起来都不会有心理负担的冰淇淋。后来，张红超创立了蜜雪冰城，也研制出了物美价廉的冰淇淋产品。

最早的时候，蜜雪冰城店铺中售卖的冰淇淋，单价只有 1 元，利润极其微薄。但其产品的口味和大品牌的冰淇淋相差无几，而价格却极其低廉，所以蜜雪冰城很快就得到了大量消费者的青睐。同时，以 1 元冰淇淋为流量入口，蜜雪冰城其他单价较高的商品也取得了不错的销量。

而现在，随着物价水平的提升，蜜雪冰城的产品价格也有所上涨，但和其他同类型品牌的产品价格相比，相信大多数人还是会感叹蜜雪冰城的物美价廉。用评价去征服客户，用规模去创造利润，这就是冰雪冰城背后的秘密。

我曾经听过这样一句话：**把一个产品做贵了不难，把一个产品做便宜了才很难**。产品价格的提升很容易，比如手机上面放一个钻石，奶茶里放点金箔，价格马上水涨船高，但这样的产品能够得到消费者的认可吗？相较而言，大众化的商品想要打开市场，营销的重点要放在降低价格上，用规模创造利润，而不是用单价去创造利润。

4. 顶级的产品

之前总是有很多粉丝在我的抖音账号留言，说我总是在谈论营销，忽视产品的重要性。我之所以很少提到产品质量方面的问题，是因为我接触到的品牌和企业基本都已经具备优质的产品和服务，主要咨询的也都是营销方面的课题。但其实在我的心中，产品一直是第一位的。

产品的质量是营销的基础，只有当产品的质量达到一定水平，才有资格去谈论营销的方式、方法。质量一般的产品，即便营销的手段再高明，也很难取得市场的认可。而且，如果产品的质量能够达到一个行业的顶尖水平，这本身就是一种有效的广告。一些针对性的宣传，再加上客户的真实体验，足以让品牌打动消费者。

谈到产品质量，我第一时间想到的品牌，就是我在长江EMBA的师兄杜中兵所创立的巴奴毛肚火锅。火锅作为中式餐饮行业最受关注的热门品类之一，在很早之前就已经进入了极其激烈的竞争状态，在其他品牌都开始关注服务，关注营销，关注精神属性的时候，只有巴奴还在坚持产品主义。

在火锅这个品类当中，尤其是四川和重庆火锅当中，最不可或缺的产品之一就是毛肚。蔡澜曾经说过，吃不到毛肚，就像没吃火锅。在过去，火锅店使用的毛肚都是用碱水泡发的，虽然卖相不错，还能增加产品质量，但是长期食用会对人体造成损伤，严重者还有可能致癌。为了解决毛肚的泡发问题，巴奴与西南大学合作，研发出了天然木瓜蛋白酶嫩化专项技术。使用新技术泡发的毛肚，不仅口感鲜脆，而且更加健康。后续经过一系列的宣传，毛肚很快就成了巴奴的超级爆款，虽然价格高于普通的同类型产品，但"点赞"率却达到了140%，这意味着很多客户不止点了一份毛肚。

在营销主义占据市场主流的情况下，依然有人在坚持产品主义，这样的公司是值得我们去尊重的。从一开始的"服务不是巴奴的特色，毛肚和菌汤才是"，到现在的"服务不过度，样样都讲究"，巴奴在发展的过程中，更新过产品，更新过品牌形象，但始终不变的就是对产品品质的坚守。

当然，好的产品也需要好的传播。巴奴就是一个长期的产品主义者，但它依然需要通过营销将自身的优质产品展现在消费者面前。巴奴在研发高质量产品的同时，也一直在强调品牌的曝光度，不仅在抖音、微博等新媒体平台上可以经常看到巴奴的相关信息，传统的广告巴奴也没有落下。经过20多年的传播以及口碑的积累与反馈，这才有了今天巴奴毛肚火锅的成功。

说到这里，很多人或许会质疑，作为一家中小企业，哪来的实力去开发行业顶尖的产品？但事实上，很多行业，尤其是传统行业中，有无数个产品已经停止更新了很长时间，这当中存在大量的创新机会。还是以餐饮行业为例，巴奴可以抓住毛肚这个单品将其打造到极致,那虾滑、鱿鱼、宽粉等单品,是不是同样有提升的机会呢?

其实打造行业定价的产品品质并不难,关键在于找到合适的切入点,并坚持产品主义,持续对其进行更新迭代。

5. 深入基层的下沉渠道

不知道从什么时候开始,大家在谈论品牌营销的时候,很少会再提到渠道的相关内容。新消费、跨界营销、DTC(直面用户)、直播带货、社群运营等新概念、新理论,成为很多人心目中的破局之道。

我们暂且不去讨论这些新理论、新方法是否能够指导企业在这个时代的发展,渠道真的没有用武之地了吗?其实也不尽然,尤其是对于很多传统企业来说,业务没有发生太大的变化,整个行业的游戏规则也停留在过去的时代,所以渠道依然是核心竞争力之一。

抛开行业的区分,很多偏远地方也是新渠道心有余而力不足的领域。一方面是因为在偏远地方,移动互联网终端的普及率并不高,物流和快递的服务覆盖率也相对有限。很多时候从网上买了东西，还要到更远的镇上去取货。而另一方面，偏远地方的居民也习惯于传统渠道的消费方式。随着一二线城市当中行业竞争的白热化，很多企业把目光投向了尚未被大品牌深度渗透的下沉市场。

当然，下沉市场有自己独特的游戏规则。很多企业想要用针对大城市消费者的套路去吸引下沉市场的消费者，最终只能以失败告终。

当初共享单车项目刚刚开始兴起的时候，很多四五线城市中其实也出现了一些地区性的品牌。大城市的共享单车品牌是因为盈利模式没有跑通，所以逐渐走向失败。而这些地区性的品牌甚至都没有产生多少有效的使用。因为在新媒体渠道投放的很多营销宣传信息，并没有真正触达消费者，很多人都没有形成对这种新兴事物的认知。而且，从习惯的角度来讲，比起提前交付押金，每次骑乘还要扫码付费，消费者似乎更愿意购买一辆属于自己的自行车或电单车。

面对下沉市场的消费者，最有效的销售方式其实还是通过传统渠道去售卖。不知道大家有没有思考过一个问题：中国到底有多少家夫妻店？说得具体一些，就是那些老公上货，老婆看店收钱，面积在二三十平方米的店大概有多少？据不完全统计，中国有700万家夫妻店，约30%在乡镇农村，46%在三线及以下的城市，一线城市几乎没有。虽然地处偏远，但就是这700万家夫妻店，贡献了中国总零售额40%左右的出货量，这个数据足以说明这部分下沉渠道的重要性。很多企业为了切入下沉市场，已经开始发力布局。

之前，阿里巴巴在杭州举办了一个名为"兼木成林，容川入海"的全球战略发布会，其中就提到现在的阿里巴巴已经覆盖了将近50万个这种夫妻店。而京东也已经启动了"百万便利店"的计划以及"京东掌柜宝"工具，希望可以更多地赋能到那些夫妻店。

再比如江小白，据官方的数据显示，它掌握有280万家的线下渠道，其中有很多就是这样的夫妻店，有的开在小城市里，有的甚至开在偏远的山村里。我们可以想象一下，在山村的一家小店当中，推开门就能够看到江小白的海报，这是什么样的体验。江小白就是凭借强大的地推能力，逐渐深入下沉市场，并建立起了坚实的竞争壁垒。这是江小白用

6~8年的时间一点点打出来的江山，别的企业想要复制也很难实现，因为这不是靠钱就能搞定的事情。

既然下沉市场的这些夫妻店这么重要，那我们难道不能自己去开设店铺吗？从本质上来讲，这并不是一件简单的事情。这种传统的业态非常考验线下运营的能力，而这一点又恰好是现在很多品牌所欠缺的。即使是合作，难度也超乎想象，夫妻店不像7-11、全时、易捷等连锁品牌，搞定了总部就等于搞定了几百家、几千家店。你必须一家家店地去拜访和沟通，其中的时间成本和资本投入之高可想而知。所以如果要布局夫妻店这样的下沉渠道，你一定要做好打持久战的准备。

换个角度来说，布局困难并不是一件坏事，毕竟**越是难做的事情，门槛就越高**。如果你能像江小白一样，掌握大量的下沉渠道，那么就可以形成自己的核心壁垒，之后的发展也会更加顺利。

越是难做的事情，
门槛就越高。

营销创新篇
营销的创新要从哪些方向入手?

1. 打造独属于个人的惊喜

私人定制的产品,永远不会落伍

2. 提升生活的效率

在营销中展示产品与服务在效率提升方面的优势

3. 极致的性价比

高质低价,用规模创造利润

4. 顶级的产品

找到合适的切入点,坚持产品主义,持续更新迭代

5. 深入基层的下沉渠道

- 渠道依然是核心竞争力之一
- 切入下沉市场,发力布局,做好打持久战的准备